行政法の
エッセンス

〈第1次改訂版〉

櫻井敬子
Sakurai Keiko

学陽書房

はしがき

　行政法という法領域は、私たちの日常生活に直接関わるとても身近な存在です。内閣総理大臣を支える行政体制・公務員制度がどのようなものであるべきかといった大きな問題から、燃えるごみと燃えないごみの分別の仕方、燃えるごみを出していい曜日をいつにするかというようなローカルで細かい事柄にいたるまで、今日では、ありとあらゆることに行政が関与しているといって過言ではありません。行政法のトピックはあまりに汎用性に富んでいるため、空気のようにまぎれてしまってその存在がかえって意識されにくいのです。

　本書は、行政法の入門書として、行政法を初めて学ぼうとする方にとって、行政法ワールドへの最初の手引きになることを主たる目的のひとつとしています。同時に、解説的な教科書ではなかなか書けない、行政の実像、真髄（エッセンス）を少しでも多くの人にお伝えしたいという観点から、さまざまな工夫をこらしています。行政法をすでに勉強されている方を含め、行政法独特の醍醐味を少しでも感じとっていただけたなら、私にとってこれに勝る喜びはありません。

　憲法上の建前として「法の支配」がいわれますが、行政実務において「法」が意識されることは決して多くないという現実があります。行政実務に携わる公務員の方は、行政法のことはよく知っていると思っておられるかもしれません。しかしながら、行政法に限りませんが、法律学の世界でも、近年、思考のイノベーションというべき事態が起きており、本書は、そうした社会のダイナミズムの中で変貌を遂げつつある「法」の姿を描いています。法律のプロフェッショナルで、従来の法律論に行き詰まりを感じておられるすべての方にも、一研究者からのメッセージとして本書をお届けしたいと思います。

　本書は、2007年に初版が出されてから9年を経過し、その間、幸いにも多くの読者の方に迎えていただきました。今回、第1次改訂版を上梓するにあたり、行政不服審査法の全面改正をはじめとするその後の制度

改正を織り込むことで、本文内容を最新のものにアップデートするとともに、宇宙関連法の発展やダンス規制の緩和など、最近のトピックをコラムにしつらえ、装いを新たにしています。

行政法のきわどさとおもしろさを、お楽しみいただければ幸いです。

2016年7月

櫻　井　敬　子

目次

行政法のエッセンス〈第1次改訂版〉

第1編 導入編

第1章 行政法の世界……………………………10
1. 行政法とは何か ……………………………10
2. 行政法の日常的重要性 ……………………15

第2章 公法としての行政法 ……………………20
1. 公法・私法二元論をめぐる論争 ……………20
2. 行政事件訴訟法改正と公法の復権 …………24
3. 新しい公法概念 ……………………………28

第2編 改革編

第3章 中央省庁等改革 …………………………32
1. 中央省庁等改革の全体像 …………………32
2. 大蔵省改革 …………………………………36
3. 中央省庁等改革の意味 ……………………41
4. 国家公務員制度改革 ………………………45

第4章 司法制度改革………………………………49
1. 司法制度改革と行政事件訴訟法改正 ………49
2. 行政訴訟改革 ………………………………53
3. 大阪空港最高裁判決 ………………………55
4. 平成16年行政事件訴訟法改正 ……………59

5　施行状況の検証 …………………………………62

第5章　地方分権改革………………………………………67
　　　1　地方分権改革の全体像 …………………………67
　　　2　事務の改革 ………………………………………68
　　　3　税財源改革 ………………………………………73
　　　4　根本問題 …………………………………………74
　　　5　その後の地方分権改革 …………………………79

第3編　行政法の基礎理論

第6章　行政の基本ルール …………………………………82
　　　1　法律による行政の原理 …………………………82
　　　2　適正手続の原理 …………………………………90
　　　3　説明責任の原理 …………………………………93

第7章　伝統的な行為形式─行政行為……………………97
　　　1　行政行為 …………………………………………97
　　　2　典型的な行政行為 ………………………………102
　　　3　公定力 ……………………………………………108

第8章　行政裁量 ……………………………………………114
　　　1　法律による行政の原理との関係 ………………114
　　　2　行政裁量はどのような場合に認められるか ……116
　　　3　行政の不作為 ……………………………………120
　　　4　裁量統制 …………………………………………124

第9章　行政指導 ……………………………………………131
　　　1　行政指導とは何か ………………………………131
　　　2　行政指導のルール ………………………………134

3　行政指導の具体例 …………………………………… 141

第10章　その他の行為形式 …………………………… 143
　　1　行政契約 ……………………………………………… 143
　　2　行政計画 ……………………………………………… 148
　　3　行政調査 ……………………………………………… 150

第11章　行政の義務履行確保 ………………………… 156
　　1　司法的執行と行政的執行 …………………………… 156
　　2　行政代執行法 ………………………………………… 160
　　3　直接強制と即時強制 ………………………………… 166
　　4　行政罰 ………………………………………………… 167

第12章　行政による規範定立 ………………………… 172
　　1　序論 …………………………………………………… 172
　　2　伝統的な区分 ………………………………………… 173
　　3　法規命令 ……………………………………………… 175
　　4　行政規則 ……………………………………………… 181
　　5　命令等に対する意見公募手続 ……………………… 185

第4編　行政救済法

第13章　行政不服審査法 ……………………………… 188
　　1　行政不服審査の特徴 ………………………………… 188
　　2　平成26年全面改正のポイント ……………………… 190

第14章　行政事件訴訟法 ……………………………… 192
　　1　行政事件訴訟の全体像 ……………………………… 192
　　2　取消訴訟 ……………………………………………… 196
　　3　その他の訴訟類型 …………………………………… 201

第15章　国家賠償法 …………………………………206
　　1　国家賠償と損失補償 ……………………………206
　　2　国家賠償法1条 …………………………………207
　　3　国家賠償法2条 …………………………………213

　事項索引／218　　判例索引／222

凡　例

〔判例〕
最（大）判　　　→　　　最高裁判所（大法廷）判決
高判　　　　　　→　　　高等裁判所判決

〔資料〕
民集　　　　　　→　　　最高裁判所民事判例集
刑集　　　　　　→　　　最高裁判所刑事判例集
行裁例集　　　　→　　　行政事件裁判例集
判時　　　　　　→　　　判例時報

〔判例内日付〕
平4・9・22　　→　　　平成4年9月22日

第 1 編

導 入 編

第1章 行政法の世界

POINT

① 行政法の議論は、雑然としているかと思えば観念的なところもあって、とっつきにくい。しかし、実は結構おもしろく、日常生活にも役に立つ。
② 憲法と行政法は、あわせて公法領域を構成している。憲法は崇高な理念を掲げ、行政法は身近な諸問題を取り扱う。

★キーワード
自然公園法、景表法、建築基準法、狂犬病予防法、旅券法、道路交通法、入管法

1 行政法とは何か

◆多様でバラバラ

　行政法というのは、不思議な科目です。一応、法律科目ということになっているのですが、民法や刑法のように「行政法」という名前の法律はありません。現代では、行政はさまざまな活動をしますが、行政の活動にはその根拠となる法律があるのが普通なので、行政に関わる法律はたくさんあり、法律の数としては1900本にも上るともいわれます。

　山でハイキングしようと思えば、有名なところはたいてい国立公園とか国定公園となっています。これは自然公園法によってエリアが決められています。ハイキングした後で温泉に入れば、温泉には温泉法という法律があり、成分の検査や衛生面の管理に配慮することになっています。ジュースを飲むと、ジュースには100％果汁とか、無果汁などという表示がありますが、これは景表法（正式には「不当景品類及び不当表示防止法」といいます）によって、業者には一般消費者に対する情報提供が求められていることによります。また、家を建てようとする場合、自分の家だからといってどんな家を建ててもいいというわけではありま

せん。建物として最低限度の安全性を備えるようにという観点から、建築基準法では「建築確認」を得ることが必要とされています。

家で犬を飼うにあたっては、狂犬病予防法では犬の登録をすることになっています。ちなみに、法律のタイトルには狂犬病とありますが、犬以外の猫・牛・馬・やぎ・鶏・豚などの動物も、この法律の規制を受けることがあります。外国旅行に行くには、旅券法によって、外務大臣に旅券（パスポート）を出してもらわないと行かれません。道を歩けば、道路交通法により、信号に従って歩かなければならないとか、横断歩道を渡らなければならないなどの決まりがありますし、自動車を運転するには都道府県公安委員会の発行した運転免許証が必要となります。そして、ご承知のとおり、スピード違反も、駐車違反も、この法律の問題です。これらは、全部、行政法です。

行政は市民の生活全般を仕切っているので、個々の法律の内容は多様であり、ありていにいえば、バラバラです。しかも、これらの法律は毎年のように改正され、最近は世の中の動きが速いため、法律内容はどんどん変化しており、変化の仕方も大胆になっています。行政法の領域は広大であり、大げさにいえば、その奥行きは測り知れないといって過言ではありません。そんなわけで、行政法の全体像は、思い切りごちゃごちゃしていて、わかりづらいものになっています。

◆行政法の謎

しかし、そんなに心配することはありません。行政法を勉強するということは、個々の法律の条文をすべてフォローし、膨大な法律群をパーフェクトに頭に叩き込むということとは、ちょっと違うからです。はっきりいって、そんなことができる人は専門家の中にもいません。実際に行政を担当している公務員も、自分の担当事務に関わる法律について詳しいのはあたり前ですが、隣の課の仕事となるともうサッパリ、ということが少なくありません。現代においては、行政事務の範囲はそれだけ膨大で、煩雑で、しかも専門的なのです。

さて、それでは行政法とはどういう科目なのでしょうか。

行政法というのは、一言でいうなら、個々の法律そのものを扱うというより、多数の法律の背後にある「ものの考え方」や各種制度の骨格を

形づくる基本理論に関わる科目である、ということができます。行政法には、他の科目に比べると、抽象的で観念的で、ときには神秘的な感じのする話さえあったりします。でも、そうはいっても、議論の素材としては個々の法律規定を使います。誤解を恐れずにいえば、行政法の対象は、個々具体的な法律であって個々具体的な法律ではない、というようなことになります。何だか禅問答のようで恐縮ですが、まあ、この辺が行政法をわけわからなくしている原因のひとつなのだろうと思います。「行政法はつかみどころがない」とか、「行政法ってナニモノ！」という印象を世の人々に与えてしまいがちなのは、それなりの理由があるわけです。そして、恐ろしいことに、ちょっとかじったくらいでは、行政法の謎は深まるばかりなので、そのうち、「行政法なんて意味がない」とか、「行政法なんか私の人生に関係ない」なんて、思ってしまうのです。

◆役に立つ行政法

しかし、早まってはいけません。行政法は、人間がこの世の中で生きていくにあたって思いのほか役に立つ、かなり実利的な科目です。試験科目だから仕方なく勉強するという人も多いと思いますが、ふと見渡してみると、あなたの一生は行政法で彩られています。人間は、生まれたときは出生届、死んだときは死亡届、いずれの場合も行政に届け出なければなりません。行政法が役に立つということの意味は、行政に関わる膨大な数の法律は「行政法理論」を基礎として作られているので、この理論を学んでしまえば、これらの法律のおおまかな仕組みはすでに知っているのと同じだということです。

また、法律の規定をはじめて見たときに誰でも経験することですが、「書かれている日本語の意味がわからない」という事態に、しばしば直面します。行政法理論を知らないと、条文を見るだけではその条文の意味あいは、そう簡単には理解できません。これは、法律の規定内容が専門的であるということもありますが、法律の文言(もんごん)は、厳密な正確さを企図しつつ、しかも極限まで簡潔なものであるように、練りに練って作られるので、それは一般の日本語とは異質の、別の言語になっているといって過言ではないからです。行政法は専門科目です。専門科目を勉強する

とは、こうしたテクニカルな条文を読みこなせる専門的技能（リテラシー）を身につけるということでもあります。

　ところで、法律は、ハタからみると、完璧・完全な存在で、あらゆることを細かく規定しているように見えるのですが、じっくり観察すると、実は隙だらけであることが少なくありません。人間の作るものですから、どんなに一所懸命作ったとしても、どこかに穴があるものです。人間の能力の限界といえますが、「完全無欠の法律」というものは存在しません。法律が明確に定めていない事柄が、必ず出てきます。人間社会に紛争はつきものですが、法律の隙間の存在、規定の不明確性ゆえに、紛争が起きないようにすることは、残念ながら事実上不可能です。そして、起きた紛争をうまく処理できなければ、裁判沙汰になり、ともすると何年もかけて最高裁まで争う、なんていうことになってしまいます。

　また、行政に携わる現場の公務員にとっても、法律がパーフェクトなら、行政の任務である「法律の執行」は、これほど楽なことはないでしょう。しかし、日々発生する諸問題は、想像を超えてバラエティに富んでいるため、実務レベルでは、法律の規定が明確な指針になっていないことも多いのです。公務員は、法律の規定をにらみながら、「こういう場合は、どうしたらいいのか」という疑問に絶えず直面し、悩みながら、待ったなしで現実の問題に取り組んでいます。

　そんなとき、問題解決に一筋の光を与えるのが、行政法の理論であったりします。行政法理論は、法律の解釈指針として、法律の不完全さを補うだけでなく、法律がない場合には、立法指針として、新しい法律を作る際のヒントを提供します。昔から「知は力なり」といいますから、とりあえず、行政法には勉強してみる価値がありそうです。

◆**行政法のおもしろさ**

　かくいう筆者は、行政法を大学で教えるようになってすでに随分たつのですが（光陰矢のごとし）、「行政法って、ほんと、つまらないなあ」と何度思ったかわかりません。昭和38年に書かれたある本（私が生まれる前のものです）のはしがきに、「行政法学は、法律学の中でも最も無味乾燥な学問の一つに数えられた」とあり、無味乾燥な学問の代表であ

COLUMN
地震対策と行政法

　行政法は、ひろく行政活動全般を対象とするので、さまざまな分野の専門家と議論する機会が多くなります。たとえば、わが国の地震対策のあり方を検討しようとするとき、地震を科学的に予知しようとする地震学者、建築物の耐震構造を研究する建築学者といった理科系の研究者だけでなく、大規模地震が起きたときの人々の行動を研究する社会学者、そして政策を法制度として仕組むためには行政法学者、という具合に、多彩な顔ぶれが一堂に会します。

　本来、重要な問題であればあるほど、各分野の専門家の英知を結集する必要性は高いのですが、分野の違う専門家同士がお互いを理解するほど、難しいことはありません。ある地震学者は、「活断層はとても危険なものだから、活断層の上に家を建てることを禁止するべきである」と確信を持って主張します。行政法学者にしてみれば、「たしかになあ」という気もするのですが、何しろ「活断層」が具体的にどのようなメカニズムで、いつ、どのようなときに、どういう感じで「動く」のかといったことは、詳しくはわかりません。

　行政法学者（おそるおそる）「で、その危険な活断層はいつ頃動くんでしょうか。」
　地震学者（胸をはって）「1000年から2000年の単位で動く。」
　行政法学者（びっくりして）「えっ。で、具体的には、あの、目安でいいんですが、次にこの活断層が動くのは大体西暦何年頃でしょうか。」
　地震学者（堂々と）「そんなことはわからない。活断層は突然動く。」
　行政法学者（がーんとなって）「え、でも、家を建てるのを禁止するような場合は、財産権の保障もありますし、人間の寿命はせいぜい100年ですから、いつ動くのか全然わからないとすると、一律に強い規制はかけられません。」
　地震学者（全くひるまず）「しかし、活断層は危険だから、家を建てるのは絶対にやめるべきだ。皆、日頃から地震に備えなければいけない。」（最初の会話に戻る）

　こんな具合に、専門家同士の会話は簡単にはかみ合いません。これを上手に束ねることは、行政の、実はもうひとつの重要な役割といえそうです。

るという「悪名」をそそぎたいという趣旨が述べられています（田中二郎・雄川一郎『行政法演習Ｉ』（有斐閣、昭和38年））。

　どうも、大昔から、行政法という科目はつまらなかったようです。行政法学者がいうのだから、間違いありません。ただ、それは多分、これまで書かれた行政法のテキスト類がおもしろくなかっただけのことではないか、という感じがしてなりません。行政法は、本当はおもしろく、魅力のある学問だと思います。少なくとも、私にはそのように見えます。行政法という、このつかみどころのない不思議な科目に魅入られたひとりとして、行政法が、実は内容もりだくさんで、エキサイティングで、お堅い法律科目とは思えないダイナミックな世界が広がっているということを、少しでも世の人々に知ってもらえたら、というのが、筆者が本書を書こうと思った動機のひとつです。

　現実の社会において、日々山のように発生している行政法的現象は、どれもこれも身近で、具体的で、せっぱつまっていて、これほど人間生活に密着している科目は、他にはありません。これまで、行政法学者は、行政法がこんなにおもしろいということに気がついていなかったわけではないと思うのですが（そうでないとすると、行政法の研究をするのはさぞかし辛かったことでしょう。ずいぶん自虐的なことです）、そのおもしろさが、これだけ完璧に世の人々に知られていないというのも、不思議な感じがします。行政法の実像は、豊かな内容と無限大の可能性を持っています。

　さて、心の準備はできたでしょうか。それでは、いよいよ、行政法ワールドに入っていくことにいたしましょう。

2　行政法の日常的重要性

◆現実論としての行政法

　憲法と行政法にまたがる法領域全体を「公法」といいます。

　憲法は、誰でも知っているように、わが国の法体系の中で最高ランクに属する規範（これを「最高法規」といいます）であり、国家が目指すべき究極の理念を定めています。国民主権、人権保障、法の支配、平和主義、権力分立は、最も大事な理念であり、すべての国家活動は、こう

した理念を実現することを目標として展開されることになります。何をやるにも、理念がはっきりしなければ始まりません。憲法は国政のあらゆる場面で尊重されるべきものですが、なぜ尊重されなければならないかというと、それは主権者たる日本国民の決意が示された理念法であるからです。憲法は格調高い、スーパーな存在なのです。

これに対して、行政法はぐっと身近な事柄を取扱う、もっと俗っぽいものです。行政法は、憲法に書かれた抽象的な理念を実現するための法律群全体をカバーします。美しい理念は大事ですが、理念を理念として述べるだけでは不十分です。憲法理念を実現するために、具体的な行政上の仕組みを作り、これを現実に動かしていくことが必要になります。この意味で、行政法は、憲法を具体化するためのツールであるといっていいでしょう。憲法と行政法の役割を、フレーズ的に表現するならば、「憲法の理念的重要性」と「行政法の日常的重要性」とまとめることができます。理念には理念の、ツールにはツールの役割がありますから、両者はともに大切なものです。憲法あっての行政法、行政法あっての憲法であり、憲法と行政法は、アリとアリマキみたいな共生関係にあるといえます。ただ、ここでは、行政法で扱われる課題が日常生活に直結している分、その日常的重要性が卓越したものであることを強調しておきたいと思います。

◆**人権保障と行政法**

憲法と行政法の関係について、人権保障について行政法が果たす役割という観点から、もう少し述べてみます。

憲法は人権カタログとして、表現の自由（21条）を代表とするさまざまな人権を保障しています。人権が保障されるということは、国家に対して人権を侵害してはならないという、重い「行為規範」が課されていることを意味しています。そして、国家がこうした責任を実際に果たすよう、法律レベルで具体的な仕組みを整備しておかなければなりません。このように、国政の運営が法律を中心に組み立てられるべきであるということは、憲法において、国会が国権の最高機関であり、唯一の立法機関とされていることに、その根拠を求めることができます(41条)。行政法では、このことを「法律による行政の原理」と呼んでいます。

◆海外旅行の自由と入管法・旅券法の関係

　憲法と行政法の関係について、海外旅行の自由を例に具体的に述べてみましょう。

　たとえば、日本人が外国旅行に行くことは、「海外旅行の自由」として、それが憲法上保障される人権であることは広く承認されています。憲法の条文には、「海外旅行の自由」という文言を直接見出すことができないので、憲法22条1項の「移転の自由」に含まれるとする説と22条2項の「外国に移住する自由」に含まれるとする説がありますが、それが人権であることについて、争いはありません。

　さて、ある人が「私には、憲法上外国旅行に行く自由がある」と主張して、パスポート（旅券）を持たずに国際空港に行ったとします。しかし、空港では、パスポートを持っていなければ、実際上出国することはできず、飛行機に乗ることもできません。外国に行くには、あらかじめパスポートを取得しておき、これを空港で提示したうえで出国の手続をとる必要があります。さもなければ密出国の罪に問われることになります。入管法（正式には「出入国管理及び難民認定法」といいます）という法律では、日本人が出国する場合には、その者が有効な旅券を所持していることが必要であり、出国しようとする港において入国審査官から出国の確認を受けなければならないとされています（60条）。そして、この定めに反して出国を企て、または出国をした者には懲役・禁錮・罰金が科されます（71条）。

　ここで、入国審査官とは、法務省という役所に所属する国家公務員で、「出国の確認」という重要な行政任務を遂行します。入国審査官は、出国しようとする日本人について、その人が所持している旅券が偽造旅券ではないか、盗まれたものではないかなど、それが有効なものであることを確認し、問題ないと判断すると、出国スタンプを押します。法制度上は、こうした手続を経てはじめて、適法に日本国を出ることができるとされているのです。なお、旅券については、別に「旅券法」という法律があり、旅券の発給は外務省が所管する仕事です。申請者が住民票など法律上必要な書類を揃えて申請をすると、外務大臣が旅券の発給要件を満たしているかどうかを審査し、旅券を発給するか、それとも

発給を拒否するか、そのいずれかを決定します。

◆憲法論が出てくる場面

こうして、「海外旅行の自由」という人権には、入管法と旅券法という2つの法律が関係していることがわかります。入管法も旅券法も典型的な行政法の例であり、入管法は法務省、旅券法は外務省の所管する法律です。

通常、私たちは、入管法や旅券法が憲法違反とされるのでない限り、これらの法律の規定を正当なものとして行動しなければなりません。これが、国政の運営は国会の制定する法律を中心に行われなければならないという憲法原則によるものであることは、先に述べたとおりです。そうすると、旅券発給要件については旅券法が具体的に定めているので、人権としての「海外旅行の自由」の具体的内容は、まずもって旅券法によって定まっているということがいえます。憲法レベルで人権が保障されているといっても、その中身は抽象的であるため、権利の具体的内容は法律において定められることがわかります。行政法の議論が重要である理由は、ここにあります。ただ、法律が定めた権利の内容が狭すぎると憲法に反することになり、そのような法律は無効となります。憲法論が出てくるのは、旅券法が旅券発給要件を極端に制限するなど、法律内容が憲法違反となるような例外的な場合に限られます。

◆犬も歩けば行政法に

以上述べたところから、行政法の日常的重要性ということの意味が、少しイメージしていただけたかと思います。行政法の日常性については、「犬も歩けば行政法にあたる」などと表現されたりすることがあります。行政法の重要性にかんがみると、この科目を勉強すればちょっといいことありそうな、そんな期待感を持っていただければ幸いです。ただ、行政法がらみの問題は、身近な問題ではあるのですが、実際に処理しようとすると、結構ゴタゴタしていて、ひどく技術的だったりするので、気合を入れて勉強しないと、なかなかわかったという感じにはなりません。少年老いやすく、学なりがたし。これは行政法を学ぶときの心構えとして、最初に申しあげておきたいと思います。

COLUMN

行政法いろはカルタ

　行政法にまつわる「いろはカルタ」の草分けは、「犬、いや、君も歩けば行政法にあたる」という阿部泰隆教授の作がなんといっても有名です。もっとも、「犬、いや、君も」という言い回しは少々理屈っぽいので、端的に「犬も歩けば行政法にあたる」でいいのではないかというのが、私の感想です。ふとみれば、かわいいワンちゃんのまわりも、なんだ、行政法だらけじゃないの、という感じです。

　その他、「六法に入れてもらえぬ行政法」（高木光）、「六法の半分分捕る行政法」（阿部泰隆）、「六法に入りきらない行政法」（石川敏行）、「六法のかなめを占める行政法」（再び高木光）などいろいろあります。いずれも作者の性格がにじみ出ていて、才能のほどはともかくとして、それぞれに味わいがあります。文は人なり。行政法学者も意外とおちゃめな人たちです。

（出典は高木光『プレップ行政法（第2版）』（弘文堂、平成24年）32頁以下による）

第2章 公法としての行政法

POINT

① 戦前の公法論は、公法が私法と異なることを強調しすぎて、公権力を正当化する機能を担った。その反省から、戦後の行政法学では、公法という言葉を用いることがタブーになってしまった。
② 平成16年に、「公法上の当事者訴訟」という訴訟類型を活用すべきであるという趣旨で行政事件訴訟法の改正がなされた。これにより、「公法」という概念が見直され、今後、現代的で合理的な「あたらしい公法」のコンセプトが創造されることが期待される。

★キーワード
公法・私法二元論、当事者訴訟、公法上の法律関係、行政の私化（規制緩和・民間委託・民営化）

1 公法・私法二元論をめぐる論争

◆昔の公法・私法二元論

　行政法について、かつての代表的な学説は「行政に関する国内公法である」と定義していました。この定義では、「行政法＝公法」という理解が前提となっているのですが、その根底には、わが国の法体系を「公法」と「私法」に区分する考え方が横たわっています。これを「公法・私法二元論」といい、主として戦前に妥当していた古い考え方です。

　公法・私法二元論とは、法体系の中に公法と私法という2つの異質な世界があり、公法の世界と私法の世界では通用する原理原則が根本的に異なる、と説く見解です。この見解によれば、たとえば、権利というものは、公法における権利（これを「公権」といいます）と私法における権利（これを「私権」といいます）に分かれ、公権と私権は、権利の性質が全く異なると説明されます。公権は私権と違って譲渡できないとか、時効にかからないというように、両者の「本質的差異」が強調され

たのです。たとえば、公務員の給料は公権に属し、企業に勤めるサラリーマンの給料は私権に属します。公法・私法二元論によれば、公務員の給料は、一般サラリーマンがもらう給料とは質的に異なる、と理解されることになります。しかし、両者は、いずれも労働の対価として支払われる金員であるという点で、そんなに大きな違いはないはずです。それなのに、公務員の給料は特別であるということをことさらに強調するのは、何だか権威的な感じがします。官尊民卑という言葉がありますが、公法・私法二元論にはそうしたニュアンスが漂っています。

こうして、戦後になると、このような考え方は強く否定されることになったのです。

◆公法・私法二元論の完全否定

公法・私法二元論は、もともとは、立憲君主制をとるドイツ・プロイセンに由来する考え方で、明治憲法下において登場します。この議論は、私法に対する関係で公法の特徴を強調することで、国家権力を正当化し、これを擁護する機能を有していました。明治時代の行政法は「官のための行政法」という色彩が強く、公法・私法二元論は国家（君主）に都合のよい議論であったということができます。行政法は、権威的で権力迎合的な学問という側面を持っていたのであり、公法・私法二元論は、いうなれば、行政法の「暗い過去」を象徴する議論だったといってよいかもしれません。

しかし、戦後になってアメリカ型の新憲法が制定され、国民主権を掲げる民主的な憲法の下で、行政法も生まれ変わらなくてはなりません。そこで、戦後の行政法学説は、公法・私法二元論を完全否定し、今度は一転して「公法」という概念を徹底して排除しようとします。おそらく、戦前の「暗い過去」と決別したいという気持ちが働いたのだろうと思います。戦後の学説は、公法・私法二元論を古色蒼然としたものとして否定し、これを克服することに強い関心を向けることになります。このようにして、行政法とはどのような学問かを論ずるにあたり、公法と私法が同質であることが強調されるようになったのです。

◆反省するのはいいけれど

暗い過去は、反省するに越したことはありません。昔の行政法が合理

的な理由もなく、国家権力を正当化する役割を担う面があったとすれば、率直に反省しなければなりません。一時期、「市民のための行政法」というキャッチフレーズが好んで使われたことがありました。これは、行政法学者なりの反省の表し方だったのかもしれません。

　もっとも、今日において、学問的な合理的態度で、「公法の特徴」を考える必要性がなくなったかといえば、全くそんなことはありません。公法の特殊性を強調した公法・私法二元論を否定しようとするあまり、「公法と私法が質的に変わらない」ことを意地になって強調するのは感心しません。落ち着いて考えればすぐわかることですが、私法の紛争と公法の紛争では、その一般的様相は相当違っているからです。

　たとえば、AがBに100万円を貸したのにBが期限に返さないので、AがBに対してお金を返すよう請求するといった紛争は、民事紛争の典型的な例です。それは、私人Aと私人Bの個人的なもめごとであり、民法によって処理されます。これに対して、行政上の紛争は、当事者の一方に行政がからんできます。たとえば、Cがある年度の税金を100万円と申告したところ、税務署長Dは申告が虚偽であるとして120万円の税金をかけてきたとします（これを「更正処分」といいます）。Cは正直に申告をしたつもりなので、この処分を争いたいのですが、相手はなんといっても税金のプロである税務署長ですから、なかなか手強そうです。裁判に訴えようとしても、その前に税法上の特別の手続が設けられています。裁判所に訴えるルールも、通常の民事裁判とは異なる仕組みになっています。こういう紛争を扱うのが行政法です。行政上の紛争は、強大な権力を持った公的主体と私人の間の争いであり、私人間の紛争とは異なる配慮が必要であることは明らかです。

◆**公法と私法は同じではない**

　仮に、公法と私法が「完全に同じ」だとすれば、公法の代表である行政法と、私法の代表である民法の間に違いはないことになります。もしそうなら、行政法という科目は要らないというべきですし、行政法学者は全員失業しないと、筋が通りません。もうずい分前のことになりますが、ある行政法テキストのキャッチフレーズに「行政法とは何かを考える」というものがありました。そのテキストを書いた先生は、通説に従っ

て公法概念を否定していましたので、今にして思うと、行政法学者でありながら行政法とは何であるかということがわからなくなってしまっていたのかなあ、と推測されます。

　戦後の行政法学説は、公法概念を否定したまでは良かったのですが、結果として、行政法とは何かがわからなくなり、アイデンティティを失ってしまったようなのです。その原因は、公法としての行政法の特徴を直視し、これをきちんと語る努力をしてこなかったところにあるように思われます。

◆公益って何？

　行政法の議論の中で、つい最近まで、公法という言葉を使うことがはばかられる空気があったことは事実です。「公法の特質」という問題設定ができなかったため、「公権力」や「公益」に関するまじめな議論がすっかり低迷してしまいました。たとえば、「公権力」を批判するだけの単純な議論はよくありますが、その前提として、公権力とは一体どういうもので、どういう特徴があり、どのような場面で公権力が必要とされるのか、公権力が国民にとって有益な役割を果たすのはどういう場合かなど、中立的で複眼的な議論が極端に少なくなってしまいました。

　「公益」という概念の中身についても、同じことがいえます。世の中、「私益」の主張ばかりが跋扈する中で、今日、純粋な意味での公益が語られなくなってしまったのは嘆かわしい限りですが、それにしても、あまりに長いこと公益を語ることがなかったので、行政の現場では「公益って何だったっけ？」みたいな状況が出現しています。公法・私法二元論を否定するのはいいのですが、その勢いで公益と私益の相違も否定してしまうと、全部私益ということになってしまいます。これでは、いざ「公益」を論じようとしても、それがどういうものなのかわからなくなってしまうのは、当然のことです。

　思い起こして、有斐閣の『法律学小辞典（第5版）』（平成28年）で「公益」という項目を引いてみます。そこには、「公共の利益をいう」と書いてあります。公益を一言でいえば、まあそんな感じです。ところが、その次にくる説明は、「刑法上、公益は種々の観点から問題になる」とあり、個人的法益に関する犯罪との対比において「公益に関する犯罪」

が論じられ、公益を図るために行われた行為が違法性阻却事由となることがある、とされています。公益の内容をもっぱら犯罪との関係でのみ説明するのは、ちょっとおかしいと思います。公益は行政活動の究極の目的、存在根拠であって、それは行政法の最も重要なテーマです。刑法が公益と関係する場面があることは否定しませんが、公益論は、何よりもまず行政法の領域で扱われて然るべき話題であるはずです。

戦後の行政法学者が、「わたしは誰？　ここはどこ？」などといっている間に、世の中では「公益」概念が消滅しかかっているのかもしれません。公益をきちんと検討し、きちんと語るための場所、それが「公法」の領域だと考えられます。

2　行政事件訴訟法改正と公法の復権

◆42年ぶりの行政事件訴訟法改正

以上述べたような次第で、公法概念はほとんど消滅しかかっていたのですが、平成16年、唐突な形で突然よみがえることになります。公法概念に再び息を吹き込んだのは、42年ぶりに行われた行政事件訴訟法の改正という大事件でした。

行政事件訴訟法は、行政に関連する紛争について裁判を起こす場合の手続を定める法律です。民事事件には民事訴訟法、刑事事件には刑事訴訟法、行政事件には行政事件訴訟法（以下では「行訴法」と略します）というように、事件の性質に応じた訴訟手続がそれぞれ用意されています。行訴法は、昭和37年に制定された古い法律ですが、使い勝手が悪く、その利用度はあまり高くありませんでした。そこで、司法制度改革の一環として、行政訴訟をもう少し使いやすくするという観点から、法改正がなされることになります（➡第4章、第14章）。改正内容およびその後の展開についてはおいおい説明していきますが、行訴法改正の経緯は、なかなかにドラマチックなものでした。法改正の過程において、突如として「公法」概念がハレー彗星のように登場し、華々しく「復活」を遂げることになろうとは、誰が予測したでしょうか。その経過を少し説明していきましょう。

◆公法上の法律関係に関する訴訟

　行政訴訟の中に、当事者訴訟という類型があります。これには、形式的当事者訴訟と実質的当事者訴訟の区別があります。公法概念と関わるのは実質的当事者訴訟のほうで、定義としては、「公法上の法律関係に関する訴訟」と覚えておきましょう。

　「公法上の法律関係に関する訴訟」というのは、たとえば、ある人が自分は日本国籍を有していると主張して、日本国に対し国籍の確認を求めて提起する訴訟や、免職処分を受けた国家公務員が、処分が無効であると主張して、国家公務員たる地位の確認と給料の支払いを国に対して求める訴訟などが、その典型的なものです。ここでは、日本国民たる地位や国家公務員たる地位という公的な身分の有無が争われており、国という公的主体と国民の間の法律関係が問題となっています。そこで、こうした訴訟は「公法上の法律関係」に関わる訴訟ということになります。これに対して、民間企業に勤める会社員が、会社から一方的に解雇を言い渡されたので、解雇が違法であると主張して、会社に対して会社員たる地位を確認し、給料の支払いを求める訴訟を提起したとします。このケースでは、社員たる地位という「私法上の法律関係」が争われているので、その紛争は民事訴訟ということになります。

　「私法上の法律関係」を争うのが民事訴訟であり、これとパラレルな形で「公法上の法律関係」を争うのが、行政訴訟としての実質的当事者訴訟であると理解しておきましょう。

実質的当事者訴訟	公法上の法律関係に関する訴訟
民事訴訟	私法上の法律関係に関する訴訟

◆当事者訴訟を活用するための法改正

　これまで、行政法学説において、当事者訴訟はほとんど無視されてきました。当事者訴訟に対する学説の態度はとても冷淡なもので、法律の明文で認められている訴訟類型であるにもかかわらず、「お前はすでに死んでいる」みたいなことを言明する見解もあったほどです。長い間、行政訴訟において、当事者訴訟はあたかも存在していないかのような扱

いがなされてきたのです。

　当事者訴訟に対するこのような扱いには、理由があります。改正前の行訴法4条にある当事者訴訟の定義をみると、「公法上の法律関係に関する訴訟」とされていて、そこには「公法」という、当時、使ってはならないとされていたキーワードが書かれていました。この条文は、戦前に引き続き、戦後になっても昔ながらの公法・私法二元論を主張する論者にとっては、自説を根拠づける重要な根拠条文と位置づけられていたのです。そのため、公法・私法二元論を否定する戦後の通説の立場からみると、まことに目障りな条文であったということになります。当事者訴訟を承認するということは、「私法上の法律関係」を扱う民事訴訟との対比において、「公法上の法律関係」の存在を認めることになりますので、公法概念を否定する以上、当事者訴訟も否定されるべきものだったというわけです。

　ところが、平成16年の行訴法改正では、当事者訴訟に関する4条は次のように改正されることになります。

〈行訴法4条の改正〉

（改正前）
　この法律において「当事者訴訟」とは、当事者間の法律関係を確認し又は形成する処分又は裁決に関する訴訟で法令の規定によりその法律関係の当事者の一方を被告とするもの及び<u>公法上の法律関係に関する訴訟</u>をいう。

（改正後）
　この法律において「当事者訴訟」とは、当事者間の法律関係を確認し又は形成する処分又は裁決に関する訴訟で法令の規定によりその法律関係の当事者の一方を被告とするもの及び<u>公法上の法律関係に関する確認の訴えその他の公法上の法律関係に関する訴訟</u>をいう。

　改正前の4条では、実質的当事者訴訟の定義は「公法上の法律関係に関する訴訟」というごくシンプルなものでした。しかし、改正された4条は、「公法上の法律関係に関する確認の訴えその他の公法上の法律関係に関する訴訟」と規定されることになりました。驚いたことに、使ってはいけないはずの「公法」という言葉が、ダブルで入ることになった

のです。

　行訴法改正作業には、もちろん行政法学者も参画していましたが、その主導権は裁判実務のほうにありました。そうしたことが影響したと推測されますが、法律の立案者は、「公法上の当事者訴訟を活用すべし」という明確なメッセージを打ち出し、学説とは全く正反対の立場を示したのです。学者サイドでは、このような改正は全くの想定外のことでしたので、当事者訴訟をできればなきものにしたいと思っていた行政法の先生方は、改正法を見てどれほどびっくりしたことでしょうか。晴天の霹靂とは、まさにこういうことをいうのでしょう。

◆**新たな発想で、新たなステージへ**

　このような経緯で、「公法上の当事者訴訟」は、突然、表舞台に復活しました。とはいえ、当事者訴訟そのものは、行訴法が制定された昭和37年当時から存在していたのであり、規定はあるけれども使うべきではないと学説が主張していたにすぎませんから、4条の改正趣旨は、昔からあるものをこれからはちゃんと使いなさいというにとどまります。したがって、大型新人の華々しいデビューではなく、引退しかかっていたベテラン歌手の劇的な再デビュー、といったところです。これは、行政法の世界における大事件、大どんでん返しでした。

　話をまとめます。古くて権威的な公法・私法二元論を主張する者はもはや存在しません。そうだとすれば、これを否定する議論も、存在価値をすでに失っているということができます。行訴法の改正は裁判実務主導で行われたものですが、裁判実務では、「公法」という概念はごく素朴な形で普通に使われてきました。当事者訴訟についても、相当数の裁判実例があるということが、学界においてもようやく認識されるようになっています。

　行訴法改正により、行政法はすでに新しいステージに入っていることから、本書では、公法・私法二元論の否定論の否定からスタートすることにしたいと思います。その意味で、公法という言葉も素直な気持ちで使っていきます。

3 新しい公法概念

◆公法概念の有用性

それでは、公法概念のメリットをまとめておきましょう。

公法という概念には、行政法を学ぼうとする者にとって、「思考枠組み」としての有用性があります。それは、行政法の事例を適切に分析・理解することを助ける「ものの考え方」がしやすいという意味です。ここでは、公法という概念を使うことのメリットとして、第1に、憲法を意識した議論が展開しやすくなるということ、第2に、規制緩和や民間委託、民営化といった「行政の私化」という近年の新しい現象の受け皿を用意する、という2点をあげておきます。

◆憲法価値を踏まえた行政法の議論

公法概念を使うと、憲法を意識した議論がやりやすくなるというメリットがあります。国家と市民の関係に関わる法を「公法」といい、憲法は国家権力を縛る最高規範ですから、公法の代表的な存在です。行政法は、国家権力の中の行政権に着目し、行政と市民の関係に関わる法律群をカバーします。このように、憲法と行政法の領域は重なっており、憲法で示された価値を行政法で具体化していくというイメージはとても重要です。憲法で示された価値規範は、法律がない場合には立法指針として、法律がすでにある場合には解釈指針として、行政法において有益な視点を提供するからです。公権力、公共性、公益、危機管理など、これまで必ずしも正面から議論されてこなかった行政活動の中核的概念が、憲法価値を踏まえて検討されることが期待されます。

もちろん、「公法」という概念を使わなくても、憲法を踏まえた行政法の議論をすることが不可能というわけではありません。しかし、憲法と行政法が一体となって公法領域を構成すると捉えるならば、憲法と行政法を連続的に把握し、憲法価値を踏まえた行政法的思考をすることが、よりやりやすくなるだろうということです。そういうメリットが認められるなら、「公法」という概念に目くじらを立てず、素直に使ったらいいのではないかと考えます。

COLUMN

学としての公法

　九州大学名誉教授の手島孝先生が、平成16年に『学としての公法』(有斐閣)という本を出版されました。本のタイトルに公法という言葉が使われている点に、注目が集まりました。

　手島教授によれば、公法とは、「公共性に関する法」であり、「公共性」こそ、公法の独自性であり、私法との違いはそこに求められます。ここで、公共性とは、社会生活の安全と秩序（公序）、社会全体に共通の利益（公益）、社会全体への個人の接近の開放（公開）、これらを最終保障する手段としての実力の行使（公権力）という、4要素によって形作られるとされます。そして、従来の公法・私法二分論は本質論のレベルに到達していないとしたうえで、法学の原点に立ち返り、新たな生命を吹き込んだ公法・私法二分論を主張されています。

　新しい公法概念を提唱する新機軸の議論といえます。

◆行政の私化に対する歯止め

　公法概念のもうひとつのメリットは、「行政の私化」という近時の行政現象への対応という点にあります。

　近年、行政改革の一環として、規制緩和や民間委託、民営化が積極的に進められてきました。たとえば、日本道路公団は、かつては特殊法人として、実質的には政府の一部局として、高速道路の建設・管理を行っていましたが、民営化により3つの株式会社に分割されました。現在、各株式会社は、それぞれ独立して割当区間の高速道路の管理を行っています。特殊法人が民間会社になるといった現象を、「行政の私化」といいます。

　特殊法人時代は、道路公団の仕事が「行政」であることに疑いはありませんでした。それでは、株式会社になったら、その仕事はもはや「行政」ではなく、一般の会社と同じ扱いになってしまうのでしょうか。ちょっと考えてみればわかることですが、株式会社になったからといって、高速道路会社がもっぱら利潤を追求し、会社の好き勝手に道路を管理していいかというと、そうはいきません。道路はあくまで国民共通の

財産(「公物」ともいいます)ですから、その管理は公正なものでなくてはなりませんし、儲かるからといって高速道路の料金をつりあげていいということにはならないはずです。道路の管理には公益性への配慮が不可欠です。

　公法概念を完全に否定してしまうと、私化された行政活動は、一般の民間会社の活動と区別できなくなってしまい、こうした特殊な会社の活動のあり方を論ずる場は、もはや「私法領域」しか残らないことになりかねません。しかし、公法領域を用意しておけば、道路のような公共用物の管理については、管理主体の形態にかかわらず、公法の問題として議論を立てることがやりやすくなります。公益性を素直に重視する思考枠組みの中で、道路の公共性を前提とした議論をすることが可能です。何といっても論理の進め方がシンプルであり、シンプルであることは、物事を考えるにあたり大事なことです。

第2編

改革編

第3章 中央省庁等改革

POINT

① 平成13年に行われた中央省庁等改革により、内閣機能が強化され、国家行政組織の再編成がなされた。
② 旧大蔵省改革により、金融機能は主として金融庁の所管するところとなり、財政機能は財務省と内閣府の経済財政諮問会議との間で分掌されるようになった。
③ 平成26年に内閣官房に内閣人事局が置かれ、他方で人事院は存続することとなり、国家公務員制度改革は一応の区切りを迎えた。
④ 内閣機能の強化は内閣官房、内閣府の事務の増大をもたらしたため、平成27年にそのスリム化等が行われた。

★キーワード
行政改革会議、大くくり再編成、財政と金融の分離、内閣機能の強化、経済財政諮問会議、スリム化、国家公務員制度改革

1 中央省庁等改革の全体像

◆歴史的出来事

平成13年1月をもって、国の行政組織は従来の1府22省庁から1府12省庁と呼ばれる新体制に移行しました。このような大規模な行政組織の改編は、明治国家樹立以来の歴史的出来事といって過言ではありません。既存の行政官庁組織が決して不変のものではなく、その名称を含めて変えることができるという事実を示したこと自体に、この改革の最大の功績があるといったことが、大まじめにいわれます。

中央省庁等改革は、縦割行政や行政組織の肥大化という弊害を克服し、簡素で透明、効率的な中央政府の実現を目指す方針の下に進められました。この改革により、各省庁を主要な任務を基軸として大くくりに再編成するという省庁再編が実施される一方、内閣総理大臣のリーダー

シップの強化、開かれた透明な政府の実現、事務事業の見直しによる行政のスリム化・効率化といったスローガンが強調され、政策評価等、行政法の新しいアイテムも導入されました。

> 〈中央省庁等改革のポイント〉
> ① 内閣機能の強化（政治主導の確立）
> ② 中央省庁の大くくり再編成（縦割行政の弊害の排除）
> ③ 独立行政法人制度の創設（透明で自己責任に基づく業務運営）
> ④ 行政のスリム化（官から民へ、国から地方へ）

◆国の行政機関の再編成

　国家行政組織を再編成するにあたっては、まず、「国家機能」を純化したうえで整理し、それぞれの国家機能ごとに、機能にふさわしい組織を構想し、既存の行政組織を組み換える、という手順を踏むのが理想的です。平成9年12月に、当時の橋本龍太郎内閣総理大臣を議長とする「行政改革会議」の最終報告が出され、中央省庁等改革の原案が示されましたが、それはこうした考え方が基本となっています。そこでは、「21世紀における国家機能の在り方」として、内閣総理大臣から、国家機能の4分類として、①国家の存続、②国富の確保・拡大、③国民生活の保障・向上、④教育や国民文化の継承・醸成が示され、この4分類を踏まえて、国家行政機能の目的の再分類と中央省庁の機能別再編成が志向されました。しかし、世の中、セオリーどおりにいくのなら、苦労はありません。理論的に美しかったアイデアは、残念ながら次第に骨抜きにされていくこととなります。

◆国土開発省・国土保全省構想の頓挫

　ひとつ例をあげましょう。行政改革会議における議論では、当初、総合的な見地に立って国土整備を担う組織として、「国土整備省」構想というものがありました。この構想は、行政改革会議の中間報告（平成9年9月）の段階になると、「開発」と「保全」という機能の相違に基づいて、「国土開発省」と「国土保全省」に分けた形で具体的に提案されることになります。この案は、建設省の道路局と河川局を分離すること

> **〈中央省庁等改革の動き〉**
>
> 平成 8 年11月　行政改革会議の設置
> 平成 9 年 9 月　行政改革会議中間報告
> 平成 9 年12月　行政改革会議最終報告
> 平成10年 6 月　中央省庁等改革基本法の成立
> 平成11年 7 月　中央省庁等改革関連17法律の成立
> 平成11年12月　省庁改革施行関連61法律の成立
> 平成13年 1 月　新しい中央省庁体制の発足

を前提に、道路局と運輸省を統合して国土開発省とし、他方、河川局と農水省を統合して国土保全省に組み替えるというアイデアに基づいています。その前提には、道路・交通に関わる施策と自然環境に関わる施策を区別するという発想がありました。

　しかしながら、この案は、発表された途端、関係する建設省、運輸省、農水省の猛烈な反発にあってほどなく立ち消えとなってしまいます。建設省の中で、道路局と河川局は昔から対抗関係にあるライバル同士でしたが、このときばかりは「道路と河川は一体ですっ！」を合言葉に、壮絶な巻き返しが図られたようです。こうして、結局、最終報告の段階になると、当初分割されるはずであった建設省はそのまま運輸省と統合し、これに国土庁、北海道開発庁が加わって、「国土交通省」という巨大な公共事業官庁が誕生することになります（なお、その後、河川局は水管理・国土保全局に改編されています）。

　建設省と運輸省は、霞ヶ関で同じ建物の中にあり、建設省が下の階、運輸省は上の階に住み分けられていました。両省は、どちらかといえば相互にサヤあてめいたことのほうが多かったのですが、それまで同じ建物の中で一緒にやってきたわけだし、建設省にしてみれば、分割されたあげくにカルチャーの違う農水省とくっつけられるよりは、運輸省とひとつの省になったほうがいいだろう、というような感じだったのでしょうか。他方、農水省も、その権限の一部が環境省に移管されたものの、基本的には無傷のまま、単独で存続することとなります。3つの省は、このようにして、改革をくぐりぬけたのです。

◆大くくりされた各役所

　この経過に象徴されるように、中央省庁等改革は、既存の省庁をいったん壊して再編成するといった「生木を引き裂く」ことはほとんどなく、各省庁をまるごと統合するという「大くくり」にとどまっています。新しくできた厚生労働省が、厚生省と労働省がドッキングしたものであることは、そのネーミングからして明らかですし、文部科学省は文部省と科学技術庁が合体した組織です。郵政事業の民営化によって縮小していくことが運命づけられた郵政省、総務庁および自治省は、それぞれ単独ではやっていけないため、まとまって総務省となります。もっとも、総務省は、とりわけ寄せ集めに近い合体だったため、今でも総務省というアイデンティティはなく、役所としての一体感は希薄です。ラッキーだったのは環境庁で、「これからは環境だろう」ということで、実質的に権限が拡大したというほどではないのですが、イメージ先行で環境省に昇格することになります。通産省は経済産業省と名称が変わり、語感的にはちょっとカッコ良くなりました。

国の行政組織図

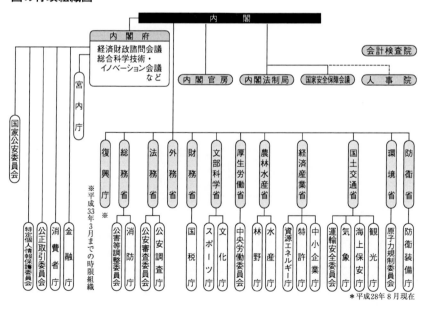

＊平成28年8月現在

その他、名称すら変わらなかった外務省、法務省、農水省、警察庁、防衛庁（平成19年に防衛省に格上げ）などは、この時点では嵐をやりすごした感がありました。しかし、大変興味深いことに、その後、それぞれに組織を揺るがすスキャンダルが発覚するなどして、結局、それなりの組織改革をせざるを得ない事態となります。その意味では、中央省庁等改革は時代の要請であり、各省庁とも順番待ちのような感じであったといってよいかもしれません。

◆生木を裂かれた大蔵省

中央省庁等改革では、おおむね各役所は組織の大幅改編を免れ、何とか凌いだ感があります。ところが、こうした中にあって、ひとり大蔵省だけは事情が異なっていました。大蔵省は、平安時代に遡る伝統ある名前であるとして、その名称変更には強く抵抗したにもかかわらず、「財務省」という新しい名前を掲げざるを得ない事態に追い込まれます。大蔵省は、ほぼ唯一「生木を引き裂く」改革が行われた官庁であったといえます。すなわち、従来、大蔵省は、財政と金融の双方を任務にしてきましたが、金融機能については、「財政と金融の分離」という観点から、中央省庁等改革が前倒しされて大蔵省から分離されることとなり、最終的に内閣府に金融庁が設置されます。財政機能についても、「内閣機能の強化」という観点から、内閣府に「経済財政諮問会議」が置かれ、その任務の相当部分が大蔵省から引き離されます。

中央省庁等改革は、もともと厳しい大蔵省批判を契機に始まったものですが、その改編ぶりには目を見張るものがあります。大蔵省改革は、中央省庁等改革のもうひとつの大きなテーマであった内閣機能の強化と密接に関連していることから、少し具体的に説明していきましょう。

2　大蔵省改革

(1)　財政と金融の分離

◆大蔵省から金融行政を切り離す

「財政と金融の分離」は、マーストリヒト条約（1992年）においてEUの通貨統合の条件として掲げられたことから、わが国においても喧伝され、行政改革会議の最終報告に盛り込まれました。財政と金融という国

家機能が区別されるべきことは、理論的には当然ですが、とくにわが国では、財政当局である大蔵省が金融権限もあわせ有していたことが、先進諸国の中で突出して高い公債依存度を生み出す制度的要因になったという指摘がなされていました。そこで、こうした弊害を除去するために、両者の組織的分離が要請されることになります。

　財政と金融の分離という観点から、平成9年に日本銀行法が改正され、日本銀行の独立性が強化されます。日本銀行が、金融政策の単独の最終責任者として財政当局から適正な距離を保つことが、公正な金融政策の展開に必要と考えられたことによります。日本銀行法改正は、中央省庁等改革の直接の射程に含まれるものではありませんが、大蔵省改革の一環として位置づけられるものです。

　財政と金融の分離のためのプロセスは、次々に新しい組織が立ち上げられる過程であったということができます。その過程は少々ややこしいのですが、まず、証券会社が一部の大口顧客に対して「損失補填」を行うという、いわゆる証券不祥事が発覚したことをきっかけに、大蔵省の証券行政に対する批判が高まります。平成4年に「証券取引等監視委員会」という新規の組織が立ち上げられますが、当初、大蔵省から権限を引き離そうとして行われた改革だったはずなのに、結果として同省の附属機関が増えるだけに終わったので、「焼け太り」などといわれました。

　その後、今度はいわゆる住専問題を始めとする金融機関の「不良債権問題」がクローズ・アップされ、同省の金融監督行政の問題が顕在化したことから、平成10年に総理府の外局として「金融監督庁」が設置されます。そして、長銀・日債銀などの金融機関が破綻するという緊急事態を受けて、総理府の下に「金融再生委員会」が時限的組織として作られ、金融監督庁はここに置かれることになります。中央省庁等改革基本法では、他の省庁よりワンランク上の「内閣府」を新たに設置し、ここに金融庁を置くとされていたため、中央省庁等改革を前倒しする形で、平成12年に金融監督庁が改組されて「金融庁」が整備され、ここに金融行政を一括的に担う行政機関ができあがります。平成13年、中央省庁等改革により「内閣府に置かれる金融庁」が誕生し、その下に証券取引等監視委員会も置かれることとなり、現在に至ります。

こうして、金融行政全般を取扱う金融庁と、財政当局としての財務省という図式ができあがり、以後、新たな制度の下で、財政と金融の関係が改めて課題となります。

(2) 財政改革
◆古くて新しいテーマ
　財政と金融の分離によって、大蔵省の任務は財政にほぼ特化され、同省は財務省として再出発することになります。以下では、財政領域における改革について、見ていくことにします。
　予算に関する事務は、国政における諸政策の総合調整に関わるため、そのような事務処理にふさわしい組織は内閣であると考えられます。大蔵省は、「官庁の中の官庁」と言われつつも、形式上は他省庁と同列にすぎないので、そのような組織が予算事務を担うのは、組織構造上適切さを欠くのではないかという問題意識は、かねてから存在していました。このテーマについては、昭和37年に第3次行政審議会答申で触れられているほか、昭和39年に第一次臨時行政調査会の改革意見において詳細な叙述がなされています。その後、この問題はしばらく取り上げられなくなっていたのですが、平成の時代になって、行政改革会議がこの問題に取組みます。中央省庁等改革では、内閣主導の予算編成を可能とするため、新設された内閣府に「経済財政諮問会議」が設けられることになります。

◆内閣機能の強化
　「内閣機能の強化」は、中央省庁等改革の最も重要な目的のひとつでした。行政改革会議の最終報告は、従来の「行政各部中心の行政体制」（縦割行政）が時代の要請に応えられなくなっているとして、「国政全体を見渡した総合的、戦略的な政策判断と機動的な意思決定をなし得るシステム」が求められていると述べました。ポイントは次のとおりです。
　まず、内閣そのものの強化として、特命担当大臣の活用が謳われ、そのひとつとして「経済財政担当大臣」が置かれます。そして、内閣法4条2項が改正され、内閣総理大臣は、閣議において、内閣の重要政策に

関する基本方針等を発議し、討議・決定を求めることができるようになります。さらに、「内閣および内閣総理大臣の補佐・支援体制の強化」として、①内閣総理大臣を直接補佐・支援する内閣官房の整備、および②内閣官房を助ける「知恵の場」として内閣府が置かれます。

　内閣官房は、内閣総理大臣と直結するセクションであり、国政の基本方針の企画立案、省庁調整システムにおける最高・最終の調整を行います。国務大臣があてられる内閣官房長官が、内閣官房の事務を統轄し、職員の服務を統督します（内閣法13条）。

　他方、内閣府は、内閣官房を助け、横断的な企画・調整を行う組織です。内閣府は内閣に置かれ、内閣の重要政策に関する内閣の事務を助けることを任務とします（内閣府設置法3条1項）。一般の行政機関については国家行政組織法が規定していますが、内閣府は内閣府設置法という別の法律によって規定され、ワンランク上の組織とされています。内閣府の長は内閣総理大臣であり、その事務は内閣総理大臣によって統括されますが（7条1項）、内閣官房長官も内閣総理大臣の命を受けてこれを統括します（8条1項）。つまり、内閣府は、内閣の統轄下にある行政機関であると同時に、内閣に置かれた内閣補助部局であるという、2つの性格を持っていることになります。

　内閣府には、内閣の重要政策に関して行政各部の施策の実施の統一を図るためとくに必要がある場合に、前述の特命担当大臣が置かれます（9条1項）。特命担当大臣には、関係行政機関の総合調整のための権限が認められています（12条）。また、内閣府には、重要政策に関する会議として、経済財政諮問会議、総合科学技術・イノベーション会議が設置されています。これらは、内閣総理大臣または内閣官房長官が議長となり、特定省庁の影響を受けることのないよう、内閣主導の政策を実施するための機構であり、民間人も登用されます。

◆経済財政諮問会議

　重要施策に関する会議のうち、経済財政諮問会議は、とくに国政について卓越した重要性を持つことから、当初の案では国家安全保障会議や内閣法制局と同様に、内閣府ではなく、内閣に直接置くことが企図されていました。しかし、最終的にはワンランク下げられる形で内閣府に置

かれます。また、構想段階では、企画・立案権を持つ組織とされていましたが、結局、調査・審議をする機関にとどめられることになりました（内閣府設置法19条1項1号）。

　このような「後退現象」は、予算編成権を失いたくない当時の大蔵省サイドの働きかけの結果ともいわれます。しかし、ともあれ、予算編成の基本方針については、財務省ではなく、内閣主導で行うことを企図した組織法改正が行われたことは事実であり、経済財政諮問会議は、その「要の組織」とされたことは留意すべきでしょう。経済財政諮問会議は、内閣総理大臣を議長として10名の議員から構成されますが、そのうち4名が民間人とされます。設置当初、経済財政諮問会議を「ただの審議会」化しようとする動きもありましたが、平成13年4月に発足した小泉純一郎内閣の下でにわかに活用され、脚光を浴びる存在となります。

　平成14年度予算編成過程に関する限り、内閣主導の姿勢はある程度反映されたということができます。経済財政諮問会議は、民間出身の経済財政担当大臣の下、いわゆる骨太の方針、概算要求基準、基本方針を出すにあたり主導的役割を演じました。経済財政諮問会議が大枠を決め、財務省が具体的な予算編成にあたるという役回りは、理に叶ったものということができます。

　もっとも、このときの経済財政諮問会議の「活躍」は高支持率に支えられた内閣という後ろ盾があったことによると考えられます。経済財政諮問会議が、企画・立案権を持たず、調査・審議のための機関にとどめられたことは前述しましたが、予算編成の基本方針の企画・立案について最終的決定権を持つのは内閣官房であり（内閣法12条2項2号）、経済財政諮問会議の組織としての脆弱性は、指摘せざるを得ないところです。予算編成の基本方針という重要なテーマを扱うにしては、経済財政諮問会議の国家組織としての位置づけは中途半端であり、事務体制は貧弱という他はありません。そのため、組織の脆弱性を政治がカバーすることはあり得るのですが、中長期的に見れば、組織体としての脆弱性が顕在化することは避けられません。

3 中央省庁等改革の意味

◆**行政機関の再編成に対する評価**
　中央省庁等改革の評価はさまざまですが、行政機関の再編成については「看板の掛け替え」にすぎないとして、消極的な評価がなされるのが一般です。ただ、看板を掛け替えるだけでも結構気分が変わる部分もあるようで、たとえば環境省は、実質的権限がとくに増えたわけでもないのですが、組織として前向きに政策を打ち出していこうとする姿勢がうかがえます。また、国土交通省のように既存の省を合体させただけに見えるところも、総合政策局のような融合セクションが内部に設けられたり、採用人事が一体的に行われるようになって、組織の空気は相当程度変わったように思われます。
　また、何より、中央省庁等改革によって、事実上の優越的地位を誇ってきた旧大蔵省（現・財務省）の地位が、一時的にせよ、相対的に低下したことは特筆すべきでしょう。もっとも、金融庁については、組織上は財金分離（財務省と金融庁の分離）が図られたはずなのに、近年、財務大臣と金融担当大臣が兼務されることも珍しくなくなり、両組織の運用上の一体化が図られています。また、経済財政諮問会議も今や往年の存在感はなく、「財務省の別動隊」などといわれたりすることもあります。
　省庁再編という大改革からすでに15年が経過し、様相はだいぶ変わってきているというのが現在の状況のようです。

◆**内閣官房・内閣府の事務の増大**
　内閣機能の強化により、内閣を補佐ないし助ける任務を負う内閣官房・内閣府は、他省庁よりも高次の位置づけが与えられ、活用されています。内閣官房には、国政全般に関わる重要な部局として、平成26年には国家安全保障局、内閣人事局が新たに設置されました。また、内閣府の場合、組織発足直後からさまざまな事務が次々に追加され、法律事項だけでも40を超える政策課題が付加されています。たとえば、食品安全、消費者問題、地方分権改革、公文書管理、宇宙政策、原子力防災、マイナンバー制度、廃炉・汚染水対策、国家戦略特別区域関係などがその例

です。

　事務の増大は、必然的に組織の複雑化をもたらすため、近年はその弊害が目立つようになっていました。そこで、平成27年に関係法律が一括して改正され、内閣官房・内閣府のスリム化が図られることになりました（「内閣の重要政策に関する総合調整等に関する機能の強化のための国家行政組織法等の一部を改正する法律」）。具体的には、従来内閣府が担ってきた事務のうち、犯罪被害者等対策は国家公安委員会に、消費者問題・食品安全は消費者庁に（ただし、消費者委員会、食品安全委員会は引き続き本府に存置）、統計委員会、情報公開・個人情報保護審査会、官民競争入札等監理委員会は総務省に、自殺対策は厚生労働省に、食育推進は農林水産省に、という具合です。

　問題なのは、この法律改正により、従来、内閣府のみに認められていた「総合調整権限」（内閣府設置法9条1項、12条）が各省等にも付与されることになった点です（国家行政組織法5条2項、15条の2）。各府省間においては、対等な関係の下で行われる政策調整がありますが（内閣府設置法7条7項、国家行政組織法15条）、総合調整権限は内閣府の特命担当大臣にのみ認められていたもので、資料の提出・説明要求にとどまらず、勧告・報告要求、内閣総理大臣に対する意見具申をその内容とし、一歩踏み込んだ強い調整権限であり、内閣機能の強化と関連づけられていたものです。法改正により、各省大臣にもこの総合調整権限が付与されたことで、内閣府と各省の間のランク差が事実上なくなり、内閣府の地位は相対化したことになります。縦割行政に風穴をあけ、各省を超えて政策を実現するために置かれた内閣府が、中央省庁等改革のシンボル的な高次の組織であったことからすると、ある種の後退現象といわざるを得ません。

◆**その他の改革**

　行政改革会議の最終報告書およびこれをもとに制定された中央省庁等改革基本法では、内閣機能の強化、国の行政機関の再編成の他、国の行政組織等の減量（アウトソーシング）、効率化等も大きな課題とされていました。その構図は、国の事務・事業を見直すことにあり、「官から民へ」、「国から地方へ」というスローガンで表現されました。アウトソー

COLUMN
そして、みんな「ワンランク上」になった

　わが国の行政組織では、建前はともかくとして、沿革的に「各省」が大変強い力を持っており、このことは「縦割行政」の弊害としてしばしば言及されます。中央省庁等改革でも、この「縦割行政」の克服が大きなテーマであり、各省よりワンランク上の内閣府を設置することは、それ自体がオキテ破りの重大な意味を持っていました。

　内閣府がワンランク上の組織であるということは、「内閣の重要政策に関して行政各部の施策の統一を図るため」に特に必要がある場合に置かれる「特命担当大臣」に、「関係行政機関の長」に対する必要な資料の提出・説明要求、勧告、報告要求ができる権限の他、「内閣総理大臣」に対して意見具申ができる権限が付与されている点に具体化されています（これを「総合調整権限」と呼びます。内閣府設置法9条1項、12条）。しかしながら、これを各省大臣からみると、自分には認められていない強い権限が内閣府の特命担当大臣には認められていることになり、おもしろくありません。実際にこの権限が発動されたことはないのですが、それはそれ、法律上の権限としては内閣府の大臣と各省の大臣には制度上落差が設けられていたのです。

　平成27年、内閣官房・内閣府のスリム化をスローガンとして行われた法改正により、各省について定める国家行政組織法が改正され、各省大臣にもこの総合調整権限が付与されます。具体的には、「各省大臣は、…各省の任務に関連する特定の内閣の重要政策について、…行政各部の施策の統一を図るために必要となる企画及び立案並びに総合調整に関する事務を掌理する」（5条2項）と規定され、これを受けて、各省大臣は、「関係行政機関の長」に対し、必要な資料の提出・説明要求、勧告、報告要求ができ、「内閣総理大臣」に対して意見具申をすることができるとされました（15条の2）。

　こうして、内閣府のみならず、各省もともに「内閣の重要政策」に関わることとなり、そうである以上、各省大臣は内閣府の特命担当大臣と同等の権限を有するものとされたということになります。換言すれば、みんな「ワンランク上の役所」になったというわけです。これは内閣府がワンランクダウンしたことに他ならないのですが、この顛末をみると、やはりわが国の「各省」は強かった、ということになりそうです。

シングのあり方として、いわゆる「現業」の改革と「独立行政法人」という組織に関する新しいアイデアが示されます。

改革当時、国が関わる「現業」としては、郵政事業、国有林野事業、造幣・印刷事業がなお残っていましたが、平成28年現在、郵政事業は日本郵政株式会社など関連会社が設立されて民営化されており、国有林野事業も一般会計化と全面的な民間委託化がされるに至っています。造幣・印刷事業は、それぞれ独立行政法人の中の行政執行法人とされています。独立行政法人とは、特殊法人に代わる行政改革のツールとして編み出されたもので、政策の企画立案機能と実施機能を分離し、実施部門の

COLUMN

3公社5現業いまむかし

「3公社5現業」という言葉を聞かなくなってすでに久しくなりました。かつて、民業の力が弱かった時代には、今なら当然民間企業が行うものと考えられているような企業活動を、国が先導的に行うという現象がみられました。その代表的なものとして、3公社5現業がありました。

3公社とは、日本専売公社、日本国有鉄道（国鉄）、日本電信電話公社を指し、公共企業体の形で国がこれらの事業を営んでいました。日本専売公社は、かつて、たばこ・塩・樟脳を専売する特権を持っていましたが、今日では日本たばこ産業株式会社（JT）になっており、専売制も廃止されています。国鉄はJR東日本、JR東海などに民営化され、JRグループを作っています。日本電信電話公社はNTT、NTT東日本、NTTドコモなど、NTTグループとなっています。

その他、国が経営する企業として5現業があり、かつては、1）郵便・郵便貯金・簡易保険事業、2）国有林野事業、3）日本銀行券等の印刷事業、4）造幣事業、5）アルコール専売事業がありました。現在、1）と5）は民営化、2）は事実上の廃止（民間委託）、3）4）は独立行政法人化されています。

近代化の過程で、たばこや塩、アルコールまで国営の時代があったとは、今となっては想像しにくい感じですが、国の役割や民間企業のあり方が大きく変貌してきたことがわかります。ちょっと目を凝らしてみると、そうした歴史の痕跡が少なからず残っているものです。

事務・事業を国から独立した法人格を持った主体に委ねることで効率性を図ることを目的としています。平成11年の独立行政法人通則法の制定により創設されましたが、平成26年に同法が改正されて、業務の特性に応じて、中期目標管理法人、国立研究開発法人、行政執行法人の３分類が示され、このうち、行政執行法人は、もっとも公務的色彩が強く、国の相当な関与が認められ、役職員が公務員とされます。

この他、従来、わが国の行政においては、法律の制定や予算の獲得に重点が置かれ、政策の効果について客観的な評価を行い、これを見直すという評価機能が軽視されがちであったとして、政策評価の仕組みが整備されます。平成13年に「行政機関が行う政策の評価に関する法律」が制定され、政策評価の客観的かつ厳格な実施、その結果の政策への適切な反映、情報の公表、効果的かつ効率的な行政の推進、政府が説明責任を全うすることが目的とされています（１条）。

4　国家公務員制度改革

◆関連制度の改革

今日的な観点で改めてみると、行政改革会議の議論の射程は広く、中央省庁等改革との関連で言及されたトピックとしては、以上述べたものの他に、国家公務員制度改革、中央人事行政機関（人事院）の見直し、情報公開、行政審判、司法制度改革、地方分権改革など多岐に及んでいます。

司法制度改革、地方分権改革については第４章および第５章で扱いますので、ここでは、行政改革会議を端緒として始まり、最近ようやく決着のついた国家公務員制度改革および人事院問題をとりあげてみましょう。

◆わが国の公務員制度の特徴

わが国の官僚制度には、従来、３つの「異物」があると指摘されることがあり、それは、国家公務員法、人事院、職階制を指していました。現在の公務員制度は、戦後、GHQによる強力な改革によって整備されたものであり、アメリカ型の人事行政の仕組みが導入されて、今日に至っています。ところが、こうした新しい仕組みは、明治以来のわが国の官

僚制度に照らすと異質な部分が多かったため、なかなか定着せず、法律が浮いているような状況が長らく続いてきました。

たとえば、昭和22年に制定された国家公務員法では、科学的人事システムとして「職階制」を導入し、昭和25年には「国家公務員の職階制に関する法律」が制定されましたが、実際に執行されることがないまま、結局、平成19年になって廃止されることになりました。国家公務員の現実の人事は、法律とは無関係に、実務上構築された独特のキャリアシステムによって運用されてきたのです。また、人事院は、国家公務員の人事行政の要の組織として構想された「独立行政委員会」で、国家公務員法に根拠を持っていますが、わが国にとってなじみのない形態の行政機関であったため、当初は憲法違反であるという主張もあったほどで、実務上は強い違和感を持たれた組織だったといえます。

こうして、公務員制度は、法律と実務が大きく乖離したまま、戦後の長期にわたり運用されてきたということができます。

◆ **国家公務員制度改革基本法の制定**

このような長い沈黙の期間を経て、平成9年に行政改革会議が公務員制度改革について、行政改革の観点からこの問題をとりあげ、人材の一括管理システムの導入や能力・実績主義による処遇、退職管理の適正化、中央人事行政機関のあり方について言及します。これが契機となって国家公務員制度改革が具体的に動き始めることになり、まず、平成19年に国家公務員法が改正され、前述した職階制の廃止、再就職規制の見直し、能力・実績主義の徹底という形で新たな人事評価制度が導入されます。

その後、平成20年に国家公務員制度改革基本法が成立し、国家公務員制度改革推進本部が発足することにより、改革が本格化していきます。しかしながら、平成21年、22年、23年に国会に提出された国家公務員法等改正案は、2度にわたる政権交代などの政治状況もあり、いずれも廃案となってしまいます。このうち、平成23年に提出された国家公務員制度改革関連4法案（国家公務員法改正案、国家公務員の労働関係に関する法律案、公務員庁設置法案および関連する整備法案）は、様々な論点を幅広に取り込んだ大がかりな改正案でしたが、結局廃案となり、実現しませんでし

た。こうして、国家公務員制度改革推進本部が平成25年7月に設置期限を迎えた後、同年11月に通算4度目となる国家公務員法改正案が国会に提出され、平成26年4月についに成立をみます。

　この改正法により、内閣官房に「内閣人事局」が置かれ、内閣が幹部職員人事の一元管理にあたることとなりました。他方で、それまで廃止を含めて組織のあり方が検討されていた人事院は基本的に無傷で存続することとなり、また、国家公務員の労働基本権に関する議論も先送りされ、ここに国家公務員制度改革は、少々ミニマムな形となりましたが、事実上の最終決着を迎えたということができます。

　なお、国家公務員とあわせて改革が企図されていた地方公務員についても、平成26年に地方公務員法が改正され、公務員制度改革は全体として大きな区切りがつけられたことになります。

COLUMN

公務員にスト権!?

　憲法28条は「勤労者の団結する権利及び団体交渉その他の団体行動をする権利は、これを保障する」と規定し、公務員を含む「勤労者」に労働基本権として団結権・団体交渉権・争議権を認めています。しかし、現在の公務員法制の下では、公務員の労働基本権は大幅に制約されており、警察・消防等の特殊な公務員は全面的に禁止、一般職公務員の場合も争議権（スト権）は一律に禁止されています（国家公務員法98条2項、地方公務員法37条1項）。

　昭和48年の全農林警職法事件大法廷判決は、こうした公務員法の規定を「国民全体の共同利益の見地からするやむをえない制約」であると述べて合憲としています（最大判昭和48年4月25日刑集27巻4号547頁）。40年近く前の判断ですから、内容が古いのは致し方ないとして、その言葉遣いが最高裁にしては少々過激なので、ご紹介しておきます。この判決は、国家公務員の労働基本権に対する制約が許される根拠を「公務員の地位の特殊性と職務の公共性」に求め、公務員が争議行為に及ぶことはこれと相容れないと断じます。その際、比較の対象として私企業の労働者に言及し、公務員の勤務条件の決定は、「私企業における労働者の利潤の分配要求のごときもの」とは「全く異なる」とし、それ

は、民主国家のルールに従って立法府が議論すべきものであって、「争議行為の圧力による強制を容認する余地」は「全く存しない」と言い切ります。さらに、公務員が争議行為を行うことは「的はずれ」で「正常なものとはいいがた」く、「手続過程を歪曲する」などとも述べられます。

今日でも、公務員のスト権に一定の制約を設けることは必要だと思われますが、その理由づけが「私企業における労働者」のごときものとは異なるという言い方には、率直にいって違和感があります。時代の主役はすでに「官から民」に移っており、また、「官の特殊性（優位性）」はもはや自明のことでは全くなくなっているからです。

第4章 司法制度改革

> **POINT**
>
> ① 行政訴訟は、戦後長い間深刻な機能不全に陥っていたが、大阪空港最高裁判決はその象徴的な事件であった。
> ② 訴訟類型のキャッチボールによって原告を弄ぶような裁判所の対応が強く批判され、平成16年の行政訴訟改革につながった。
> ③ 平成24年に改正法の施行状況の検証が行われ、問題がないわけではないが、直ちに見直しを実施する必要はないとの法務省判断が示された。
>
> ★キーワード
> 裁判官不信、司法の行政に対するチェック、不即不離、たらいまわし、施行状況の検証

1 司法制度改革と行政事件訴訟法改正

◆思い出の事件をさばく最高裁

　司法制度改革は、「思い出の事件をさばく最高裁」といわれて始まりました。これは、最高裁判所の判決が、世の人々がその事件を完全に忘れた頃になってようやく出されるということを揶揄したものですが、裁判制度が世間の動きとかけ離れているのではないか、という問題意識を表しています。裁判は、やたらに時間がかかるだけでなく、「法律しか知らない」、「常識がない」などの裁判官不信もあいまって、長い間に積り積った裁判制度に対する国民の強い不信感を背景として、司法制度改革が行われます。

　司法制度改革のトピックは多岐にわたりますが、中でも、刑事裁判に一般人を参加させる「裁判員制度」は、裁判官不信を象徴するものでした。裁判を裁判官だけに任せておいてはいけないという発想から、裁判に「一般人の健全な常識」をとりいれることがその目的とされます。実際のところ、一般人に「健全な常識」が本当にあるのかどうか定かでは

ありませんが、それでも裁判官よりはマシ、という価値判断が共感を呼んだということでしょう。司法制度に限りませんが、今日、いわゆる専門家に対する不信は募るばかりのようです。

◆**改革の本気度と事務局の重要性**

司法制度改革を実行するための行政プロセスは、従来にない新しい工程で行われました。どのような改革においても、検討の表舞台である審議会や有識者会議の人選・運営もさることながら、改革の裏方を支える「事務局」をどういうセクションが担当するかが、きわめて重要な意味

COLUMN

法務官僚

　法務省という役所は、専門的に法律を扱うところ、というイメージがあります。その所管する法律は、民法・民事訴訟法、刑法・刑事訴訟法、商法・会社法、戸籍法、国籍法、国家賠償法、裁判所法など多岐に及びますが、その特徴は、わが国に昔からあるメインの法律が数多く含まれていることです。

　一般の役所では、公務員試験を受けて採用された職員が、そのままエラくなって官僚として働くようになるのですが、法務省は違います。法務省の事務次官、官房長、刑事局長などの枢要ポストは、検事によって占められます。他方で、法務省の民事セクションはといえば、裁判官が、最高裁事務総局から派遣されて、民事局長や司法法制部長などの重要ポストにつきます。つまり、法務省は、プロパーの職員ではなく、検察庁と最高裁事務総局によって分割統治されている感じになっているのです。したがって、法務官僚というのは、法務省の職員というより、実質において、検察官と裁判官を指していることになります。

　司法制度改革では、裁判所・裁判官不信が募って、裁判制度の改革が行われました。そうだとすると、不信の対象となった裁判官が多く集まっている法務省も、本来一緒に改革の対象となってしかるべきでした。法務省所管の法律の多くは、時代にあわせた合理的な改正ができないまま、世間の批判の対象となっています。法務省の「頭の堅さ」には定評があります。これは、法務官僚が裁判官・検察官によって占められていることと無関係ではありません。司法制度とあわせて法務省改革が必要とされる所以です。

を持っています。司法制度改革の中核となるべき事務局は、オーソドックスに考えれば、法案提出権を持つ法務省ということになるはずですが、この改革では内閣に司法制度改革推進本部およびその事務局が置かれることになります。これは、事務局を法務省や最高裁事務総局といった関係の深いセクションに任せると、どうしても改革が骨抜きになってしまうと考えられたことによります。司法制度改革は、従来の司法制度がダメだという話ですから、それまで司法制度を担当してきた法務省や最高裁にこれを委ねたのでは、抜本的な改革は期待できません。こうした仕掛けは、内閣総理大臣の強いリーダーシップの下で、法務官僚の抵抗を排して根本的な改革を実現しようとする政府の意欲の表れであったということができます。

◆行政訴訟の不幸な生い立ち

さて、このような司法制度改革の中で、ひときわ人目を惹かないテーマが、「行政訴訟改革」でした。あまりに地味だったため、危うく改革リストから漏れてしまいそうになりながら、それでも何とか生き残って、行政事件訴訟法（行訴法）を改正するところまでこぎつけることができたのは、今にして思えば幸運だった、という感じがします。行訴法が制定されたのは昭和37年のことですが、以来42年間、一度も実質的な改正がなされず、人に顧みられることのなかった憐れな法律です。

わが国の行政訴訟は、実に不幸な経過を経て今日に至っています。

旧憲法の時代、わが国にはヨーロッパ型の専門的な行政裁判所が存在し、一審にして終審の行政裁判所が東京都千代田区の紀尾井町に置かれていました。同じ立憲君主制がとられているということで、ドイツ・プロイセンの仕組みが模範とされたものです。しかし、戦後、アメリカの占領政策の下で、行政裁判所は「非民主的な裁判所」とされ、軍事法廷と一緒に廃止されてしまいます。アメリカには、ヨーロッパ的な行政裁判所という概念がなかったため、新憲法の下で、わが国の裁判制度は、アメリカ的な司法裁判所をモデルに再構築されます。すなわち、従来、民事事件・刑事事件をもっぱら扱ってきた「司法裁判所」が、行政事件についても一元的に扱うこととされ、行政裁判所のような、司法裁判所と系譜を異にする特別裁判所は認められなくなりました。憲法76条2項

が特別裁判所を否定しているのは、この趣旨に基づいています。
　このようにしてアメリカナイズされた裁判所が、その判決行動においてもアメリカン・スタイルをとっていたとすれば、裁判所もそれなりに機能したかもしれません。しかし、残念ながら、わが国の裁判所は、外形こそアメリカ的な司法裁判所になりましたが、キャリア裁判官の行動は実質においてそれほど大きく変わることはありませんでした。そのため、わが国の裁判所は、行政事件の取扱いについては、きわめて消極的な態度をとり続けることになります。

◆**機能しない行政訴訟**
　こうした事態は、「行政訴訟の機能不全」といわれます。「行政訴訟の機能不全」とは、行政紛争について、裁判所がそもそも事件として受け付けない「門前払い」が多い、本案について判断することがあっても、行政裁量が出てくると、裁判所が行政の判断をほぼ丸のみしてしまい、実質的に踏み込んだ審査をしない、という状況を指しています。行政側からすると、行政訴訟は連戦、連勝で、訟務担当の検事さんはさぞ気分が良かったろうと推測されます。他方、原告である国民からすると、行政訴訟なんてやるだけムダ、という空気が濃厚に漂う中で、踏まれても蹴られても裁判闘争をやりぬくということになるので、大変ストレスがたまったことと思います。
　こうして、行政訴訟改革では、このような「行政訴訟の機能不全」を少しでも改善することが目標とされます。控え目にいっても、社会的貢献度が決して高いとはいえない行政訴訟を、少しでも動かすにはどうしたらいいかということが、はじめて検討されることになったのです。

◆**端緒─行政改革会議**
　行政訴訟改革の端緒となったのは、平成9年12月に出された行政改革会議最終報告です（行政改革会議については、➡第3章）。そこでは、「事前規制型の行政システム」から「事後監視型の国家システム」への移行が語られていました。わが国の行政は、これまで事業者の活動をきめ細かく指導し、問題が起きないように監督官庁が目を光らせるというものでした。これを「事前規制型の行政システム」といいます。こうした行政のあり方は、「護送船団方式」ともいわれ、事業者を行政が仕切ると

同時に業界全体を守ってくれるので、既存業者にとっては、全体としては悪くない仕組みと受け止められていました。今でもそうした構造は残っていますが、これはわが国のアンシャン・レジーム（旧体制）ということができそうです。

　しかしながら、国際化が進み、外国資本が日本市場に入ってくるようになって、状況が変化します。規制緩和という時代の流れを受け、名目はどうであれ、結果として既存業者を保護することになる閉鎖的で内向きな行政スタイルは批判にさらされるようになります。経済社会の成熟とともに、行政の役割も自ずと異なるものが要求されることになりますが、市場においても新規事業者の参入を認め、多様な事業者による自由な競争が好ましいと考えられるようになります。これに伴い、行政のビジネスモデルも、従前どおりの行政指導を中心としたインフォーマルな問題処理が通用しにくくなってきます。事業者が多様になれば、「あ・うん」の呼吸で行う行政指導はやりにくくなりますし、営業停止命令や免許の取消しなど、法律が認めた正規の規制権限を行使する機会が増えてきます。そして、事業者側が処分に納得しない場合、処分をめぐる争いは裁判所に持ち込まれることになるので、今後増加するであろう紛争に備え、裁判制度をより機能的なものに変えていく必要性から、裁判所のあり方も変容を迫られます。裁判所も新たな時代のニーズに応えていかなければなりません。こうした考えが、司法制度改革論議につながっていきます。

2　行政訴訟改革

◆改革のはじまり―司法制度改革審議会

　第３章で詳しくみたように、行政改革会議のメイン・テーマは中央省庁等改革でしたが、これが一段落した後、司法制度改革審議会が設置されます。平成13年６月に同審議会の意見書が出され、そこで、「司法の行政に対するチェック機能の強化」が謳われます。これが行訴法改正に直接つながる動きとなります。司法制度改革審議会の意見書は、①21世紀のわが国の社会において「司法の行政に対するチェック機能を強化する方向で行政訴訟制度を見直すこと」が不可欠であると指摘し、②行政

訴訟手続に関する諸課題・行政訴訟の基盤整備上の諸課題を列挙したうえで、③行政作用のチェック機能のあり方とその強化策について、国民の権利救済を実効化する観点から、「法の支配」の基本理念の下に、司法と行政の役割を見据えた総合多角的な検討が求められると述べました。

この意見書を受けて、政府に、内閣総理大臣を本部長とする「司法制度改革推進本部」が設置され、その中に「行政訴訟検討会」が置かれます。行政訴訟検討会において、行政訴訟に関する具体的な議論が行われ、その後政府部内で行訴法の改正案が作成されます。こうした経緯を経て、平成16年6月に「行政事件訴訟法の一部を改正する法律」が成立

COLUMN

三権分立という幻想

憲法上、立法は国会の役割とされていますが、法律を実際に作っているのは、行政です。議院内閣制ということもあり、ほとんどの法律案は閣議決定を経て内閣から国会に提出されます。これを「閣法（かくほう）」といい、国会議員が作成する「議員立法」と区別されます。

閣法は、各省の官僚組織が立案しますが、「霞ヶ関の奥の院」といわれる内閣法制局が事前に厳しい審査をします。立案段階で内閣法制局は憲法適合性も審査するので、「影の最高裁」と言われることもあります。閣法は、議員立法に比べると、専門性が高く、精緻なつくりになっています。もちろん、最終的には両議院の議決を経る必要がありますが、一般に、国会の審議はそれほどつっこんで行われることはないので、基本的には原案がそのまま通ります。最近、議員立法のレベルも上がってきましたが、これが立法の現実です。

他方で、裁判所の行政に対するチェックが事実上形骸化していることは、本文で述べたとおりです（行政訴訟の機能不全）。このような事態を全体としてみると、行政府は自ら作りたい法律を作り、自分で作った法律を自分の思う通りに執行し、それが裁判所でチェックされることはほとんどない、ということになります。ということは、わが国の統治を仕切っているのは、国会でも、裁判所でもなく、ひとり行政であるといって過言ではありません。このような実態をみると、三権分立とは、美しくて悲しい建前だといっていいでしょう。

し、平成17年4月から施行されます。

◆機能する裁判所とは

　行政訴訟改革にあたっては、「行政訴訟の機能不全」という共通認識があったと述べましたが、そもそも「行政訴訟が機能する」とはどういうことでしょうか。この問題について、少し考えてみましょう。

　国会が法律を作り、その法律を行政が執行し、裁判所は行政活動に違法がないかどうかをチェックする、というのが憲法の描く基本的な姿です。どんなに良い法律を作っても、行政が法律を守らず、法律の趣旨を踏みにじったり、いいかげんにしか執行しないとすれば、何にもなりません。そこで、法治国家においては、いかにして行政に法律を守らせるかということが、大事なポイントになります。憲法は、そのポイントとなるチェック機関を裁判所であるとしています（76条1項）。行政が法律を遵守しなかった場合には、後で裁判所がそのことを認定し、違法な行政行為は取消すとともに、損害が生じていればこれを賠償するというように、きちんとした是正措置がとられなければなりません。「行政訴訟が機能する」とは、個々の行政活動について、裁判所が法律に照らしてその活動を審査し、違法な行政によって個人の権利が侵害された場合には、その救済が確実に図られることを意味するといってよいでしょう。

　しかしながら、残念なことに、わが国の行政訴訟は、長い間、こうしたチェック機能を果たしてきたとはお世辞にもいえません。わが国の行政訴訟は諸外国に比べ、低調を極めているといわれます。「最後の砦」である裁判所が有効に機能しなければ、法治国家としては問題があります。わが国の行政訴訟がどのような状況であったかについて、大阪空港最高裁判決を例に、具体的に述べてみることにします。

3　大阪空港最高裁判決

◆民事訴訟か行政訴訟か

　行政訴訟は、民事訴訟に比べると、起こすのが大変です。行政訴訟の際立った特徴として、却下判決が多いことがあげられます。却下判決とは、裁判所が事件をそもそも受け付けず、訴えを門前払いしてしまうこ

とです。ある行政活動を裁判で争おうとする場合、まず、民事訴訟でいけるのか、行政訴訟でなければならないのかという「訴訟選択」の問題をクリアしなければなりません。行政活動には権力的なものから非権力的なものまでさまざまなものがありますが、平成16年に行訴法が改正される以前は、ごく大雑把にいえば、権力的活動なら行政訴訟で、非権力的活動なら民事訴訟でいくというルールが一応存在していました。しかし、ある行政活動が権力的なものか、非権力的なものなのかは、実際にははっきりしないことも多く、裁判を起こす最初の入り口で、原告は悩ましい問題にぶつかります。

◆大阪空港事件

この点で、何といっても悪名高いのが、大阪空港最高裁判決（最大判昭56・12・16民集35巻10号1369頁）です。てっきり民事訴訟でいけると思っていたら、最高裁で突然「民事訴訟はとにかくダメ」といわれ、長年の裁判闘争が全部パー、話がいきなり振り出しに戻ってしまったという悲惨な事件です。

事案は、大型ジェット機の騒音に耐えかねた空港周辺住民が、空港の使用差止めと損害賠償を請求したものです。大阪空港は、昭和34年に国営の国際空港として開設され、頻繁にジェット機が離着陸するようになります。当時の世の中は、経済一辺倒で、まだ「環境権」という概念はなく、空港周辺において騒音、振動、排ガスなどの公害対策が必要であるなどという発想は、カケラもありませんでした。しかし、周辺住民の被害は深刻で、ついに300余名の原告団が裁判を起こすことになります。住民らの請求のうち、「空港の使用差止め」を求める部分は、空港管理者である運輸大臣（当時）に、飛行機を飛ばさないよう要求するものです。といっても、空港を全面的に使うなと主張しているわけではなく、午後9時から翌朝7時まで、つまりせめて寝ている間は飛行機を飛ばさないようにしてもらえないだろうかという、ささやかな願いにとどまります。

◆ハシゴをはずした最高裁判決

原告にとっては、騒音に困って裁判を起こすにあたり、どのような訴訟を起こすかが、まず問題となります。空港の管理は、空港整備法（当

時。現・空港法）という法律に基づいて、運輸大臣が担当していました。ここで想定される空港の管理行為とは、一般人がする家の管理と大差なく、清掃や障害物の撤去などの日常的なメンテナンスが、その主たる内容です。そこで、素直に考えると、空港管理は、「非権力的な作用」と理解されることになります。大きな飛行機がのべつまくなしに飛ぶので、テレビもおちおち見てられないし、夜もよく眠れない、そこで、空港管理者である運輸大臣に、「真夜中くらい、飛行機を飛ばすのを遠慮してくれませんか！」と掛け合いにいく、という感じです。ちょうど、隣の家から大音量で鳴り響くカラオケに耐えかねて、意を決して文句を言いにいくようなものです。

　こうして、空港の使用差止めを求めるにあたって、原告らは、行政訴訟ではなく、民事訴訟を選択します。「民事訴訟でいける」という点は、1審、2審のいずれにおいてもとくに問題とされることはなく、民事訴訟が許容されることを前提に、飛行機の夜間飛行により「住民が被る不利益」と「空港が便利に使える利益」の比較がなされます。このような利益考量の結果、それにしてもこの空港の騒音はちょっとひどすぎるんじゃないかということで、1審、2審とも住民らが勝訴します。国は、当然のように上告しますが、昭和56年12月16日、最高裁は、思いもよらぬ訴え却下、下級審の判断とは一転して、門前払いしてしまいます。表現が軽すぎますが、「えっ、ウソー！」という感じです。

◆**最高裁の論理**
　最高裁の論理は、次のようなものです。
　運輸大臣の行う「空港管理」は非権力的な作用であり、私人が行う管理とその本質は同じものである。しかし、空港の場合、その運営については「航空行政権」が深く関わっており、航空行政権は運輸大臣に付与された公権力の行使である。そして、「国営空港の特質」を考えると、運輸大臣による空港管理と航空行政は「不即不離、不可分一体的に行使実現」されている。空港の供用は、空港管理権と航空行政権という二種の権限が不可分一体的に行使されているとみるべきであるから、それは公権力の行使に関わる。こうして、空港の供用が公権力の行使に関わる以上、空港使用の差止請求は、「行政訴訟の方法により何らかの請求を

することができるかどうかはともかくとして、…民事上の請求として…私法上の給付請求権を有するとの主張の成立すべきいわれはない」と述べます。

　判決の言い方はもってまわっていますが、要するに、国営空港の場合には、非権力的な「空港管理権」と権力的な「航空行政権」がまじっているので、民事訴訟で空港の使用を差し止めると、空港管理権と密接な関係にある航空行政権に影響を及ぼすことになり、航空行政権は公権力の行使に関わるのだから、結局、民事訴訟を認める余地はない、というものです。判例は「不即不離」という哲学的（？）な表現をしていますが、空港管理権と航空行政権がまじっているだなんて、そんなチャンポンな話、聞いたことがありません。しかも、この判決のすごいところは、その先、「行政訴訟はともかくとして、民事訴訟は許されない」としている部分です。この点について、もう少し述べてみましょう。

◆冷酷すぎる判決

　原告団が訴訟を提起したのは昭和44年、判決が出されたのは昭和56年、すでに12年が経過しています。人生はそう長いものではありませんから、12年という歳月は誰にとっても重いものでしょう。何も好き好んで、割に合わない裁判闘争をする人間はいません。裁判を起こす人たちは、他に手立てもなく、やむにやまれず裁判に踏み切らざるを得ない事情を抱えて、裁判に臨みます。

　裁判を提起してから12年もの間、空港管理について民事訴訟が許されないなどという話はなく、1審、2審と争って、やっとの思いでたどりついた最高裁で、すべてを振り出しに戻す「却下判決」が出された、ということになります。このような重大な判決を出すにあたり、裁判所が当事者に対して何らの示唆を与えることもなく、いきなり「とどめの一撃」みたいな判決をつきつけるとは、恐ろしいことです。しかも、民事訴訟がだめでも行政訴訟なら争えるから出直して来いというならまだしも、判決は、行政訴訟ができるかどうかは「ともかくとして」、民事訴訟はゼッタイできないというのですから、それは、「後のことは知りません、サヨウナラ」といわんばかりの無責任な態度といわざるを得ないように思われます。さすが最高裁というべきか、これほど冷酷な言い回

しはなかなか思いつくものではありません。そこには、「法の番人」としての誠実さをうかがうことができません。

　ちなみに、行政訴訟では、処分性、原告適格、訴えの利益といった訴訟要件が厳しいため、行政訴訟において住民らが勝訴する見込みは、はっきりいってほとんどありません。最高裁はそのことを知悉したうえでこのような判決を出しており、世の中厳しいといっても、これほどに厳しい対応があるでしょうか。この判決は、行政訴訟にとって深刻なトラウマとなります。平成16年の行訴法改正にあたって、「あんなひどいこと」が二度とないようにということが関係者の共通了解となったのは、理由のあることということができます。

4　平成16年行政事件訴訟法改正

◆**事実上の判例変更**

　大阪空港訴訟判決が、行政訴訟の歴史においていつかは克服されなければならない「躓きの石」であり、関係者にとって深刻なトラウマとなったということは、おわかりいただけたと思います。学説はこぞってこの判決を強く批判し、あまりの批判の大合唱に、最高裁も事実上の判例変更を余儀なくされることになります。国道43号線訴訟といわれる事件がそれです。

　これは、国道43号線の沿道住民が、道路を走行する自動車による騒音等により被害を被っているとして提起された訴訟です。その訴えは、道路管理者である建設大臣（当時）らに対して、基準を超える騒音の差止めを求めるもので、民事訴訟が使われました。大阪空港最高裁判決のロジックを使えば、道路の場合は、非権力的な「道路管理権」と権力的な「道路行政権」が不可分の関係にあることになりますから、行政訴訟はともかくとして、民事訴訟を認める余地はない、ということになるはずです。しかし、最高裁は、訴訟ルートについて何も語ることなく、民事訴訟として提起された差止請求をそれとして許容したうえで本案審理に入り、違法性の有無を検討し、結論として上告を棄却しています（最判平7・7・7民集49巻7号2559頁）。この判決は、最高裁が実質的に大阪空港訴訟判決を踏襲しないことを示したものであり、事実上の判例変更が

行われたものと理解されます。

◆**たらいまわしを避ける**

　平成16年の行訴法改正には、大阪空港事件のようなあまりにも理不尽な事態が今後起きることのないようにしたい、という切実な願いがこめられています。改正法では、原告適格や訴訟類型といった訴訟要件の扱いが大きく改善されますが、これはそうした願いの表れです。

　大阪空港事件から学ぶべき最大の教訓は、国民が訴訟を起こすにあたって、民事訴訟でいくと民事訴訟はダメといわれ、他方で、行政訴訟でいくと行政訴訟もやっぱりダメというように、救済を求める者が、入り口段階で「キャッチボール」状態に置かれてしまうことほど悲惨なことはない、という点にあります。必死の思いで訴訟を提起したのに、その主張が正面から審理されることもなく、入り口段階で「たらいまわし」にされてしまうということほど、つらいことはありません。改正法は、裁判を受ける権利（憲法32条）からして、救済を求める国民がそのようなひどい目にあわないよう、立案されています。

◆**改正行政事件訴訟法の概要**

　平成16年の改正行訴法の基本的な趣旨は、行政作用の多様化、行政過程における国民の利益調整の複雑化という現代的な状況に対応し、行訴法について、国民の権利利益の救済の実効性を向上させるため、必要な手続の整備を図ることです。そのうえで、①国民の権利利益の救済範囲の拡大、②審理の充実・促進、③手続をより利用しやすく、わかりやすくするための仕組み、④本案判決前における仮の救済制度の整備、という4つの柱が立てられました。

　改正項目は以下のとおりですが、その内容については、第14章に譲ります。

〈平成16年改正行政事件訴訟法の概要〉

(1) 国民の権利利益の救済範囲の拡大
　① 取消訴訟の原告適格の拡大
　② 義務付け訴訟の法定

③　差止訴訟の法定
　　④　当事者訴訟における確認訴訟の明示
　(2)　審理の充実・促進
　　①　資料・記録の提出要求制度（釈明処分の特則）を新設
　(3)　手続をより利用しやすく、分かりやすくするための仕組み
　　①　抗告訴訟の被告適格の簡明化
　　②　抗告訴訟の管轄裁判所の拡大
　　③　出訴期間の延長
　　④　出訴期間等の教示制度の新設
　(4)　本案判決前における仮の救済制度の整備
　　①　執行停止の要件の緩和
　　②　仮の義務付け・仮の差止め制度の新設

◆課題の先送り—2段階ロケット論
　このようにして、事実上はじめての行訴法改正が実現し、それなりの内容が盛り込まれました。もっとも、その改革は、行政訴訟の入り口段階にとどまっており、行政活動が、法律に照らして適法であったかどうかという「核心部分」を裁判所がどのように審査するかという本案の問題は、見送られました。
　行政訴訟が機能するようになると、行政に対する裁判所のコントロールが強化されます。霞ヶ関の力学からいえば、行政訴訟改革は全省庁を敵にまわして行う改革であり、改革の特質上、周りはすべて「抵抗勢力」ということになります。そこで、行政訴訟改革の戦略として、「2段階ロケット」論が唱えられました。これは、いきなり本案の問題に切り込もうとすると、抵抗が強くて改革そのものが頓挫してしまうので、まずは、抵抗の比較的少ない入り口の部分（訴訟要件）から改革しようというものです。ひとつの理屈ではあるのですが、問題は、2つ目のロケットを飛ばす機会が本当に来るのかどうかによります。
　改正行訴法の附則50条では、「政府は、この法律の施行後5年を経過した場合において、新法の施行の状況について検討を加え、必要があると認めるときは、その結果に基づいて所要の措置を講ずるものとする」

と規定されました。この法律は平成17年4月に施行されましたから、平成22年以降にどのような検討がなされたのか、みてみましょう。

5　施行状況の検証

◆**研究会報告書**

　改正法附則に設けられた検証条項に基づいて、平成22年に「改正行政事件訴訟法施行状況検証研究会」が設けられ、平成24年11月にその報告書が公表されました。法律附則の書きぶりは、あくまでも「必要があると認めるとき」に所要の措置を講ずるというにとどまるので、研究会報告書を受けて、法務省が最終的に「改正の必要がある」と判断しなければ、この話はそれで終わりということになります。

　さて、研究会には、行政法学者5名、弁護士2名、法務省民事局参事官1名、最高裁事務総局行政局第一課長1名、そのほか、法務省民事局付3名、最高裁事務総局行政局付1名が参加しています（取りまとめ時点）。法務省関係者、最高裁関係者はいずれも裁判官ですから、人的構成はバリエーションがあるように見えて、実はそうではありません。学者5名、弁護士2名、裁判所関係者6名ということになります。この布陣が改革に決して前向きなものではないという雰囲気が伝わってきます。

　報告書本体は法務省HPから見ていただくとして、報告書のトーンがどんな感じのものであるかについて、例をあげておきましょう。行政訴訟の出訴期間については、平成16年の法改正で、従来3ヶ月だったものが6ヶ月に延長されたのですが、これはどう評価されたでしょうか。出訴期間が2倍に延長されたわけですから「良い改正だった」ということになりそうですが、民事訴訟の場合には、金銭債権の回収が問題になるような事件の場合、基本的には時効にかかるまで、つまり消滅時効10年が成立するまで訴訟を提起することができますので、これに比べると、行政訴訟の出訴期間は依然として非常に短いことがわかります。そうした問題意識から、行政訴訟の出訴期間を6ヶ月よりも長くするべきではないかという主張が出てきます。

　この問題につき、報告書は、「出訴期間制度自体を廃止し、原告には訴えの利益があればよいこととすべきであるとの意見がある」という言

及がされた後、「しかし、これに対しては、……行政法の根幹的な考えを変えることになるのではないか、大陸法諸国との比較では6ヶ月でも長いという評価が可能ではないかといった指摘があった」とされ、「現状において、出訴期間を廃止するといった改正を行うことは時期尚早なのではないかとの意見が一定の賛同を得た」とまとめられています。パターンとしては、「改革すべきとの意見があったが、これには反対する意見もあった」という感じで、各論点ごとに、最終的に「多少の問題があるかもしれないが、とりあえずは、現状維持でよい」という結論に落とし込まれているわけです。改正すべしという意見が多数を形成しない限り、現状でよいということになりますから、主張された改革論の問題点をそれなりに指摘しておけば、改革論議そのものはつぶすことができます。ちなみに、裁判実務の本音としては、出訴期間の延長は、単純に考えて、事件数の増加に直結するので、仕事を増やしたくない裁判所としては、出訴期間は短いにこしたことはないという強い利害を持っています。しかし、こうした本音の主張が表に出てくることはまずありません。

◆**法務省の結論**

平成24年11月、報告書の公表とあわせて、法務省民事局は「平成16年改正行訴法の施行状況の検証を踏まえた検討の結果」という以下のような文書を発表します。

「現時点において直ちに行訴法の見直しを実施する必要があると判断することはできないが、最高裁判例の動向を中心に施行状況をなお継続的に見守ることが適切であるといえることも踏まえ、
- 研究会報告書を公表し、研究会における多くの裁判例に対する評価、訴訟審理の在り方についての提言等を明らかにし、もって、より一層の平成16年改正行訴法の趣旨の周知及びその実現を図るとともに、
- 研究会報告書の評価を世に問うた上で、平成16年改正行訴法について政府として講ずべき措置がなお存しないかどうかについては、引き続き関係機関・団体と連携しつつ注視する
こととする。」

この文章は、結局、見直しをするのか、しないのかという結論さえ、妙にわかりにくく書かれていますが、結論は最初に述べられているように、「現時点において直ちに行訴法の見直しを実施する必要があると判断することはできない」、つまり、「改正の必要はない」ということです。

　役所の文書は、利害関係者の視線を意識しつつ、さまざまな思惑を織り込んで書かれるのが通例ですが、この文書も例外ではありません。なぜ、本当は「見直しはしない」と堅く決意しているのに、「最高裁判例の動向を中心に施行状況をなお継続的に見守ることが適切」などと思わせぶりなことを言ったり、さらには、「改正法について政府として講ずべき措置がなお存しないかどうかについては、引き続き関係機関・団体と連携しつつ注視する」というように、あたかも何か措置を講ずる余地があるかのようなことが書かれているのでしょうか。

　こうした書きぶりには必ず背景があり、理由があってその用語が選択されています。報告書が多くの論点について現状維持的な方向を示したことについて、日弁連は強く反発しました。そうした経緯を踏まえると、この文章中の「関係機関・団体」に日弁連が含まれていることは明らかで、日弁連に対する配慮が示されていることがわかります。とはいえ、「関係機関」の中には、法務省と利害を一にする最高裁事務総局が当然入りますので、法務省としては、そのような予防線を張ったうえで、場合によっては「政府」として何らかのアクションをとる可能性がないわけではないと、リップサービスをしているのです。

　いずれにしても、注意が必要なのは、この文書はあたかも行政機関としての法務省が、最高裁の意向と関わりなく書いたものという体裁がとられていますが、実際にはそうではないという点です。この文書を書いた法務官僚は、最高裁事務総局から法務省民事局に派遣されている「裁判官」です。したがって、法務省が「最高裁判例の動向を見守ることが適切」というのは、判決を書いている裁判官本人が自分の書く判決を見守ると言っているのに等しく、法務省と最高裁の関係を知らないと、「ふーん。そういうことも大切かも」と思ってしまうかもしれませんが、そうではありません。両者は文字どおり「同じ穴のむじな」なので、自分で自分を見守るなんて「何か変」という感想を持って然るべきなので

す。もちろん、法務省と最高裁は一応別個の国家機関ですから、完全に一心同体というわけではありませんが、「おおむね心はひとつ」であることは確かなのです。

◆**ロケットは飛ばず**

ということで、行訴法改正に話を戻すと、当初予想したとおり、2段階ロケットの2段階目は、全然飛ばなかった、ということになります。前述したように、行訴法は、平成16年の法改正の段階で本案審理という行政訴訟の最も重要な問題がそもそも先送りにされていたわけですし、また、法改正後、事件を入り口で斥けてしまう「却下率」が低くなった一方で、本案で主張に理由がないとして敗訴させる「棄却率」が増えており、改正法に問題があることは否定できないところです。しかしながら、結局、行訴法のさらなる改正はなく、当面、現行法のままいくことが確定しました。残念なことではありますが、ここにいう「当面」がどのくらいの期間になるのかは、もはや誰にもわかりません。

COLUMN
もんじゅ訴訟と改正行訴法の限界

　平成17年5月30日、高速増殖炉もんじゅについての最高裁判決が出ました。昭和58年に「原子炉設置許可処分」がなされて以来、20余年に及ぶ施設周辺住民の長い闘争は、大きな区切りを迎えたことになります。この訴訟は、取消訴訟が出訴期間（当時は3ヶ月）経過のために、出訴ができないということにはじまり、苦肉の策として無効確認訴訟が提起され、周辺住民らの「原告適格」の有無をめぐって、裁判所の判断が分かれます。訴訟の入り口の問題について、地裁は否定、高裁は肯定、最高裁で最終的に原告適格が認められます（最判平4・9・22民集46巻6号571頁）。

　住民にとっては、原告適格が認められるまでに、何と9年を要したわけであり、訴訟要件という非本質的な問題で、文字通り裁判所に翻弄された歳月であったといえます。平成4年の最高裁判決を受けて、事件は本案審理のために地裁に差戻されます。その審理中の平成7年にナトリウム漏れ事故が発生、それにもかかわらず地裁は、処分が有効であると判断し、住民の期待を大きく裏切ります。その後、高裁で、あっとおどろく無効判決が出され、行政が一転敗訴となります。この判決に対しては、原子力安全委員会（当時）が反発、住民は束の間の喜びをかみしめますが、最高裁は予想通りの破棄判決、裁判所は原子炉設置許可にそもそも違法はないと断言、つまり、「もんじゅはカンペキに安全」という判断が出されて、事件はようやく終焉を迎えます。

　もんじゅ訴訟は、行政訴訟改革論に大きなインパクトを与えました。原告適格の実質的拡大を企図して新設された行訴法9条2項は、平成4年最高裁判決を受けたものです。しかし、本案にかかる平成17年最高裁判決は、はからずも、原告適格を少々広げるだけではあまり意味がないことを示すものでした。行政訴訟において大事なことは、原告適格が認められたその先にあります。実体審理において裁量審査がきちんと行われ、現実に行政の非違が正される仕組みをどのように構築するかということが求められています。ここに、平成16年改正法の限界があります。

　もんじゅ訴訟は、行政訴訟のあるべき姿とは何か、現状の何が問題であるかを教えてくれる、大変に貴重な事件だったといえるでしょう。

第5章　地方分権改革

> **POINT**
>
> ① 平成7年に始まった第1次地方分権改革では、国―地方関係を「対等・協力の関係」にするというスローガンの下、国による地方支配のシンボルとしての「機関委任事務」概念がなくなった。しかし、税財源の配分問題については、抜本的な改革はなされなかった。
> ② 首都である東京をどのように位置づけ、都と特別区の関係をどのように整理するかという東京問題は、これまで十分な議論がなされていない。
> ③ 平成18年に第2次地方分権改革が始まり、個別事務の改革が数次の法改正により実現をみたが、平成26年をもって基本的に改革は区切りを迎えた。
>
> ★キーワード
> 機関委任事務、3割自治、説明の改革、三位一体改革、地方交付税、義務付け・枠付け

1　地方分権改革の全体像

◆第3の改革

　地方分権改革は、近年のわが国における諸改革の中でも、とくに大きなインパクトをもたらしました。国と地方の関係が問題になるときには、「地方分権」のあり方をめぐって、激しい論争が起きることが珍しくありません。

　地方分権改革のはじまりは、平成7年の地方分権推進法の制定にさかのぼります。この法律の下で地方分権推進委員会が精力的に活動を展開し、「そうはいっても、大したことにはならないだろう」という大方の予想を裏切って、大きな成果をあげます。地方分権改革は、わが国の明治維新、戦後改革につぐ「第3の改革」であると喧伝されることがありますが、まあ、そこまではいかないにしても、国による地方支配の象徴

であった「機関委任事務」が廃止されたことは、想定外の出来事だったといってよいでしょう（この点については後に詳しく説明します）。

　地方分権推進法の下における地方分権改革は、大きく2段階に分けられます。第1は、「事務の分権化」です。これは、国と地方の関係を「上下・主従の関係」から「対等・協力の関係」にするというスローガンにあわせて、事務の整理がなされたものです。第2は、税財源改革、簡単にいえば、「お金の分権化」です。お金の話になると、誰でも目がつり上がってしまいますが、国と地方の間でどのようにお金を分配するかという問題も例外ではなく、結局、うまくいきませんでした。

　地方分権推進法時代を改革のファースト・ステージとすると、平成18年の地方分権改革推進法制定により改めて始まった改革は、セカンド・ステージといえます。セカンド・ステージでは、主として個別法の見直しが行われましたが、全体に地味な感じで、改革当初のダイナミズムはもはやみられませんでした。そして、平成26年、地方分権改革は大きな区切りを迎えることとなります。

　以下では、まず、ファースト・ステージにおける事務の改革がどのようなものだったかについて、その経緯をご紹介しましょう。

2　事務の改革

◆**国が地方を支配した歴史**

　わが国における国―地方関係は、一言でいえば、国が地方を支配するというものでした。江戸時代には、一応幕府があって江戸城には将軍がいたわけですが、基本的には、各藩に大名がいてそれぞれ独立国家の体をなしていたことはご存知のとおりです。封建的な幕藩体制がとられていた江戸時代は、今風にいえば、「地方分権型社会」でした。

　明治時代になって、近代国家を目指したわが国は、ヨーロッパの政治制度を導入することで、天皇をトップに据えた強力な中央集権国家を築くことになります。明治政府は強大な権力を持ち、地方を統制します。大日本帝国憲法（旧憲法）の時代には、地方は「国の下部機関」に位置づけられ、たとえば、地方の知事は、住民の選挙で選ばれるのではなく、政府によって任命される存在（これを「官選知事」といいます）にすぎ

ませんでした。
　戦後、日本国憲法という新しい憲法が制定され、はじめて「地方自治」が憲法で保障されることになります（92条以下）。新憲法の下では、民主化と地方分権化が二大目標とされました。もっとも、憲法は、具体的にどのような地方制度を作るかについては法律によるとしていたことから、昭和22年に地方自治法が制定されます。地方自治法は、地方制度に関する基本法として、今日に至っています。

◆対等・協力の関係というスローガン
　地方分権改革のファースト・ステージでは、国―地方関係を「上下・主従の関係から対等・協力の関係へ」というスローガンの下、まず、理念として国と地方が対等であるという形を整えることに主眼が置かれました。改革のシンボルとして、「機関委任事務」の廃止がとりあげられます。
　地方自治法の下で、地方公共団体はさまざまな事務を処理することとされていますが、かつて、地方公共団体が処理する全事務のうち7割を占めるといわれたのが機関委任事務です。この実態を指して、「3割自治」と揶揄する向きもあったほどです。機関委任事務は、国の事務を地方に委任するにあたり、地方公共団体の長を国の機関とみなしてこれに委任するというものです。地方公共団体には都道府県と市町村があり、その首長である都道府県知事・市町村長は、いずれも住民の選挙で選ばれます。したがって、都道府県知事・市町村長はまぎれもなく「地方公共団体の機関」であり、国の機関ではありません。ところが、機関委任事務に関する限り、都道府県知事・市町村長は「国の下部機関」とみなされ、主務大臣の指揮命令下に置かれます。
　このように、憲法では、地方自治が保障されているにもかかわらず、実際に地方の処理する事務の大半は「国の事務」で占められ、しかも、その事務処理にあたっては、地方公共団体の長は国の下部機関として扱われるという仕組みが、つい先頃まで存在していたというわけです。

◆国が地方を支配する道具
　機関委任事務の話は大事なので、もう少し説明しておきましょう。
　機関委任事務は、都道府県知事や市町村長を「国の下部機関」扱いす

るものであると述べましたが、これは言い換えると、都道府県知事等が国の大臣の「部下」と同じ扱いを受ける、ということに他なりません。一般に、上司は部下に命令を出すことができ、部下は上司の命令に従うべきものとされます。そして、部下が命令に従わない場合には、組織としての一体性を保つ必要から、最悪の場合、その部下はクビ、ということになります。そして、地方自治法には、国の言うことをきかない地方公共団体の長はクビになるという仕組みが、ついこの間まであったのですから、驚きです。具体的には、機関委任事務の処理にあたって、都道府県知事は国の大臣の指揮命令下に置かれ、その指示を受けることになるのですが、知事が事務処理を拒んだりすると、大臣は「職務執行命令」を出すことができます。その際、裁判所の判決をもらえば、大臣は自らその事務を処理することができます（これを「代執行」といいます）。そして、命令に従わなかった知事について、内閣総理大臣は、別途裁判手続を経たうえで、最終的に知事を「罷免」することができたのです。同じように、都道府県知事は市町村長を自分の部下のように扱うことができ、知事は市町村長を罷免することが可能でした。

　しかし、住民の選挙で選ばれた都道府県知事を、国の大臣が「罷免」できるというのは、いかがなものでしょうか。住民に選ぶ権利があるのなら、罷免する権利も住民になければおかしいはずです。地方自治への配慮から、知事を罷免するには裁判手続を経ることが必要とされていましたが、これでは、地方の知事を政府が任命していた明治時代の仕組みが、半分残っているようなものです。いくらなんでもこのような制度はひどいんじゃないかということで、地方分権改革に先立つ平成３年に、罷免の規定は削除されます。しかし、機関委任事務概念はなお温存されていましたから、大臣が知事に命令できるという職務執行命令制度は、平成11年に地方自治法が改正されるまで残ったままでした。憲法が変わっても、その下の法律が適切に作られていないと意味がないという、典型的な例といえます。

◆**平成11年の地方自治法大改正**

　平成11年に地方分権一括法（地方分権の推進を図るための関係法律の整備等に関する法律）が成立し、地方自治法は大きく改正されることに

なります。機関委任事務は廃止され、地方公共団体が処理する事務は、すべて「地域における事務」（2条2項）とされ、建前上は、国の下請けとして行う事務はなくなりました。そして、機関委任事務の廃止を受けて地方公共団体の事務を再整理する必要から、「法定受託事務」、「自治事務」という新しい概念が作られます。機関委任事務は、一部国の事務に整理されたものを除き、法定受託事務または自治事務に振り分けられます。

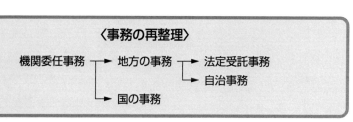

〈事務の再整理〉
機関委任事務 → 地方の事務 → 法定受託事務
　　　　　　　　　　　　　→ 自治事務
　　　　　　→ 国の事務

◆**法定受託事務と自治事務**

　法定受託事務とは、都道府県、市町村、特別区が処理することとされる事務のうち、「国が本来果たすべき役割に係るものであつて、国においてその適正な処理を特に確保する必要があるもの」として法令によりとくに定められるものをいいます。これは、第1号法定受託事務といわれます（地方自治法2条9項1号）。また、市町村、特別区が処理することとされる事務のうち、「都道府県が本来果たすべき役割に係るものであつて、都道府県においてその適正な処理を特に確保する必要があるもの」は、第2号法定受託事務とされます（同2号）。そして、「法定受託事務以外のもの」が、自治事務とされています（2条8項）。

　法定受託事務と自治事務は、いずれも地方公共団体の事務であり、条例で規定を設けることが可能です。機関委任事務は、国の事務とされていたため、条例を定めることは認められていませんでしたから、これは大きな変化です。ただ、地方はあくまで国の一部であって独立国というわけではないので、法定受託事務、自治事務のいずれについても、国による一定の「関与」が承認されています。国の利害関係の度合いが比較的大きいものが法定受託事務、小さいものが自治事務、とまとめてよいでしょう。両事務の相違は質的なものではなく、その境界線は相対的、

第5章　地方分権改革　71

流動的であるということに留意しておく必要があります。言い換えると、新しい事務はファジーなコンセプトとして立てられているのであり、これは従来とは異なる新しい感覚の事務概念といっていいでしょう。

◆気分は地方分権

さて、すでにお気づきかとも思いますが、地方分権改革における機関委任事務の「廃止」とは、その事務が現実になくなったということではありません。そうではなく、従来「機関委任事務」として処理されていたものについて、これからは「国の事務」とはいわず、「地方の事務」と説明することにした、というにとどまります。しかも、機関委任事務

COLUMN
地方自治法の不思議な性格

　地方自治法という法律は、ちょっと不思議な法律です。この法律は、一読すると明らかなように、詳細かつ緻密な規定がちりばめられていて、いろいろなことが書いてあります。地方自治法は、国・地方の事務に広く関係するので、法定受託事務か自治事務かという事務の性質論と絡めると、行政全般に関わります。この法律を所管するのは総務省ですが、この法律の射程は非常に広いものとなっています。

　もっとも、個々の事務については、地方自治法とは別にその実質的根拠となる個別法があり、それは各省庁がそれぞれ所管し、具体的な権限、予算などはそちらについています。たとえば、都市計画の地方分権化を論ずるにあたっては、地方自治法ではなく、国土交通省が所管する都市計画法の中で、具体的な権限のあり方がどうなっているか、国の関与がどの程度認められているかが、決定的な意味を持ちます。

　地方自治法は射程は広いのですが、基本的には一般的な規定を置くにとどまり、各省庁の実質的権限に深く踏み込むものではありません。その意味では、地方自治法が変わっただけでは、具体的に何かが変わるということにはなりません。地方分権を論ずるにあたり、地方自治法をなぞるだけでは全く不十分なのであり、その背後にある個別法をどのようなものにするかが本丸の問題であることを、よく認識しなければなりません。

から横滑り的に「法定受託事務」に変わっただけのものも相当数にのぼりますので、なんだ説明が変わっただけか、と思われるかもしれません。

　たしかに、そういう見方が成り立つことは否定できません。しかし、裏返していうと、その程度の「改革」だから、魑魅魍魎のうごめく政官界の中で、何とかやりとげられたという面があります。地方分権改革のファースト・ステージは、新しい事務概念を作り、とりあえずコンセプトを変えるということだったと総括できます。それは、実態に踏み込まない、「観念レベルでの分権化」であったといえるでしょう。

　とはいえ、説明の変化にはあなどれないところがあります。まあ、たしかに、大騒ぎしたわりには、実態はそれほど変わらなかったともいえますが、改革のはじまった当初は、このような改革さえ、「できるわけがない」と、多くの人がほぼ完璧にタカをくくっていたのです。「説明の改革」とは言葉が変わるということですが、言葉が変わると人の思考が変わります。全体として、「気分は地方分権」という感じではあるのですが、気分が変わればやる気も出てこようというものです。名目的であるとはいえ、成功は成功。問題は、この成功が次なるステップにつながったか、という点にあります。

3　税財源改革

◆地方分権推進委員会の挫折

　さて、機関委任事務の廃止という「快挙」に気を良くした地方分権推進委員会は、その勢いを駆って、税財源改革という「実質」に切り込んでいこうとします。しかし、このアンタッチャブルな領域に踏み込もうとした途端、改革はあえなく頓挫することになります。お金の話は、きれいごとではすみません。気分とやる気だけでは、実質の改革はやはり難しかったようで、地方分権推進委員会は、税財源問題については、成果のないまま解散の日を迎えます。

◆三位一体改革

　地方分権推進委員会の解散後、税財源問題については若干動きがあり、この問題は、平成15年に装いも新たにクローズアップされます。そ

の強力な推進役となったのは、中央省庁等改革によってパワー・アップした内閣と、その後押しを受けた経済財政諮問会議という新しい組織です。この新たな布陣の下で、「三位一体」という印象的なスローガンを掲げることで、3兆円規模の改革が行われます。

「三位一体改革」とは、①国庫補助負担金、②国から地方への税源移譲、③地方交付税制度、という3つの問題をセットで改革するということです。地方が真に自立するためには、自主的な財源が保障されなければなりません。そこで、まず、国からの補助負担金を廃止し、その分を地方の税源にまわすという改革が企図されます。

しかし、今度は実質に踏み込む改革ですから、簡単にことが運ばないのは、想定の範囲内です。この改革は大変な騒動の末、それなりの成果はありましたが、最も大きなテーマであった地方交付税制度の改革は事実上先送りされ、今日に至っています。

4　根本問題

以上述べたように、地方分権改革のファースト・ステージは、相応の成果をあげたということができますが、先送りされた課題も少なくありませんでした。以下では、本来であれば取り組んで然るべき根本問題として、①自治政策の抜本的見直しの必要性、②東京問題について、述べておきます。

(1)　自治政策の抜本的見直しの必要性
◆地方の本音と自治政策

地方分権改革のねらいは、国の権限を地方に移譲するということですから、「国と地方の対立」を前提としています。しかし、地方は、長い間、国に「おんぶにだっこ」できていますから、突然自立しろとかいわれても、戸惑ってしまいます。自立するには大変な労力が伴いますし、自立してしまえばもう誰も助けてはくれません。リスクはすべて自分が負うことになります。したがって、スローガンとして「地方分権」と言ってはみるものの、本音の部分では「自立したくない」という気持ちがあります。「今よりも権限と財源は欲しいけれども、これまでどおり国に

面倒もみて欲しい」という、わがままな言い分が見え隠れしています。人間の場合にもあてはまりそうですが、地方分権という以上、こうした地方の甘えの部分をどう乗り越えていくのかが、地方政策の大きな課題です。

　他方、真の地方分権を実現するにあたっては、国の側にも課題があります。これまでの地方分権は、良くも悪くも国主導で行われてきました。その牽引役となってきたのは、旧自治省（現・総務省）という役所です。総務省は、先の中央省庁等改革の際に、郵政省、総務庁、自治省がとりあえず合体してできたため、今でも一体感はあまりなく、モザイク的な組織構造が残っています。旧自治省は昭和35年に「地方公共団体のお世話をする組織」として誕生しましたが、地方分権が進み、地方の自立が本物になってくれば、やがて地方の世話をやく組織が不要となることは当然の成り行きといわなければなりません。子離れできない親の存在は、子どもの自立を妨げてしまいます。真の分権化にあたっては、地方公共団体を甘やかす自治政策の抜本的な見直しは避けられないことです。

◆ **地方交付税とは**

　自治政策が、地方公共団体を必要以上に甘やかしている具体例として、地方交付税の問題をとりあげてみましょう。

　三位一体改革では、国庫補助負担金・地方税・地方交付税をワンセットで改革することが目標とされていましたが、このうち、地方交付税については手がつけられませんでした。地方交付税とは、全国どこでも一定の行政サービス水準が維持されるように、財源の乏しい地方公共団体に財源を保障し、地方公共団体間の格差を調整するために、国から地方に提供される資金をいいます。「税」という言葉が使われますが、所得税・相続税という場合の税とは違う意味です。国から提供される資金のうち国庫補助負担金については、使い途が特定されているため使い勝手が悪く、国による地方支配のツールになっているとして強く批判され、一定の改革が行われました。これに対して、地方交付税は、貧しい地方公共団体に対する所得保障のようなものであり、使途を限定しない一般財源であると説明されてきたため、正面から批判されることが少なかっ

たのです。

◆**地方交付税の問題点**

　しかしながら、現在、地方交付税には強い批判がなされるようになっています。というのは、地方交付税が一般財源であるとしても、地方公共団体にとって本来望ましい自主財源は地方税のはずであり、自前の収入を自分の力で稼げるようになることこそ、真の自立を可能とするものです。その意味では、地方交付税は、地方税を補完するにとどまって然るべきであると考えられます。ところが、今日、地方交付税をもらわずに、自前の収入でやっていけるところは数えるほどしかありません。地方交付税をもらわない地方公共団体を「不交付団体」といいますが、都道府県レベルの不交付団体は、東京都しかありません。ほとんどの地方公共団体が地方交付税に頼っているというのは、きわめて不健全な状況です。地方交付税は、いわば親の仕送りのようなものですが、いい年の大人がいつまでも仕送りに頼っているとすれば、そのような社会は遠からず崩壊してしまうでしょう。

　このような事態は、現在の地方交付税の交付水準が地方公共団体にとって甘すぎることを示しており、国の自治政策の過保護ぶりを象徴するものといわざるを得ません。地方の行政改革は、国に比べると、遅れ気味ですし、現在の地方交付税の算定基準・方法が複雑になりすぎている点も、問題視されています。地方交付税の配分は、事実上ブラック・ボックスになっており、その思い切った簡素化、透明化、算定プロセスの改革が急務と考えられるのです。

　従来、国の財政は旧大蔵省、地方財政は旧自治省が仕切ってきたところですが、中央省庁等改革において、大蔵省は大きく改革され、財務省になりました。地方財政を担当する総務省旧自治省セクションについても、同等の改革がなされてしかるべきでしょう。

(2)　**東京問題**

◆**地方分権と東京問題**

　地方分権を考えるにあたって、今後議論すべきもうひとつの大きな課題として、「首都」である東京をどのように位置づけ、都と特別区の関

係をどうするかという問題があります。東京問題が重要であることは明らかですが、さまざまな理由でこれまできちんととりあげられることがありませんでした。その背景には、東京都が不交付団体であり、政治的に強いということの他、都区制度が独特で、非常にわかりにくいということも関係しています。そこで、東京都と特別区の関係について、少し説明しておくことにします。

◆特別地方公共団体としての特別区

　地方自治法上、都の区を「特別区」といいます（281条1項）。特別区は、「特別地方公共団体」として独立した法人格を有し、「基礎的な地方公共団体」として、一応、市町村に比肩する存在とされています（281条の2第2項）。特別区の区長は、市町村・都道府県の長と同様に、住民の選挙によって選ばれます。もっとも、市町村・都道府県は「普通地方公共団体」であり、特別区は別枠扱いになっていますし、他方で、政令市には、行政の便宜上設けられる「行政区」としての区があり、行政区の区長は市長によって任命されるため、特別区は行政区とも異なります。

◆わかりにくい都区制度

　東京都と特別区の関係は、道府県と市町村の関係と同じようなイメージがありますが、制度上はだいぶ違っています。現在、特別区の区長は選挙で選ばれますが、これは昭和49年の地方自治法改正で実現したもので、それまでは、東京都が「基礎的な地方公共団体」であり（つまり、市町村と同じ）、特別区はその「内部団体」にすぎませんでした。特別区が、市町村と同じように「基礎的な地方公共団体」とされ、東京都が県と同じく「広域の地方公共団体」として法律上明確に性格づけられたのは、平成10年になってからのことです。しかし、前述したように、特別区は普通地方公共団体ではありませんし、東京都は、「大都市事務」として、今なお市町村が処理する事務を処理しており、その分、特別区の事務は限定されています。

　ここで「大都市事務」とは、地方自治法では、「人口が高度に集中する大都市地域における行政の一体性及び統一性の確保の観点から当該区域を通じて都が一体的に処理することが必要であると認められる事務」

と定義されています（281条の2第1項）。大都市事務がある結果、東京都と特別区の間の事務配分のあり方は独自のものとなっています。言い換えると、東京都は、県としての性格と市町村としての性格をあわせ持っており、他方で、特別区は基本的には市町村としての性格を有するものの、市町村と完全に同じというわけではないのです。そのため、都区の間には、その事務処理について、都と特別区および特別区相互間の連絡調整を図るため、「都区協議会」という独特の協議の場が設けられています（282条の2）。また、特別区はそれぞれ独立しているのですが、23区が一体となって行動することも多く、東京都との交渉場面ではそうしたパターンが定着しています。また、都区の間には、都と特別区および特別区相互間の財源均衡を図るための「特別区財政調整交付金」という独自の財政調整の仕組みも設けられています（282条）。

◆憲法上の地方公共団体と特別区

今後、道州制の問題と絡んで、首都・東京のあり方も揺らぐ可能性があります。そうなると、特別区を東京都との関係でどのような存在と位置づけていくかという問題は、大事なテーマとなります。

特別区は「憲法上の地方公共団体」とは認められないとした昭和38年の最高裁判決があります。判決は、「憲法上の地方公共団体」といえるためには、制度上、相当程度の自主立法権、自主行政権、自主財政権等、「地方自治の基本的権能」を附与されていることが必要であり、その前提要件として、「事実上住民が経済的文化的に密接な共同生活を営み、共同体意識をもっているという社会的基盤」の存在をあげています（最大判昭38・3・27刑集17巻2号121頁）。

特別区は法律上「基礎的な地方公共団体」と明示されましたが、現在の特別区が、判例のいう前提条件を満たし、「憲法上の地方公共団体」といえるかどうかは、微妙です。というのは、実態面からみる限り、特別区が、一般の市町村と比べてかなり特殊であるということが否定できないからです。たとえば、千代田区の人口は6万人弱しかおらず、住民の数という点では、過疎地の市町村とあまり変わりません。ところが、昼間人口は夜間人口の20倍近くあり、千代田区、中央区、港区といった都市機能が集中する都心区が、法の想定する一般的な市町村像から大き

くかけ離れていることは明らかです。住民の実像という点でも、未婚者・単身世帯が多く、パスポートの高保有率、大学院卒の超高学歴傾向があることが指摘されます。そして、何より、東京都および23区は、いずれも突出して豊かな財源を有しており、この点は、他の地方公共団体との際立った相違です。

こうした実態を前提とすると、特別区については、横並びで市町村化するのではなく、東京独自の観点で検討することが有用であると思われます。そのうえで、首都としての東京都のあり方、23区の再編・合併、東京都と特別区の関係が、根本的に議論されるべきでしょう。

5　その後の地方分権改革

◆地方分権改革推進法の制定

さて、地方分権のファースト・ステージ終了後、地方分権改革はどのように展開されたでしょうか。平成18年に地方分権改革推進法が制定され、改革はセカンド・ステージに入りました。この段階では、平成23年に「国と地方の協議の場に関する法律」が制定された他、平成23年から平成26年までに個別法の改正に係る一括法（地域の自主性及び自立性を高めるための改革の推進を図るための関係法律の整備に関する法律）が数次にわたって制定されています。一括法では、地方公共団体に対する義務付け、枠付けの見直しや、都道府県から市町村への権限移譲などがその内容に盛り込まれました。ただし、平成26年の第4次一括法の成立をもって地方分権改革推進法の下での改革は終了し、地方分権改革は大きな区切りを迎えることとなります。なお、その後も引き続き個別の改革は進められ、平成27年には第5次一括法が制定されていますが、推進スキームは異なるものとなっています。

地方分権改革の最終段階が、結局、個別法改正に帰着するものであることからすると、「気分」先行で始まったファースト・ステージの改革は、セカンド・ステージに入り、個別事務のあり様について地道に決着をつけていく実務的なものであった、と総括することができるように思われます。その意味では、セカンド・ステージにおいては、政権交代により「地域主権改革」などの新機軸のスローガンが唱えられることがな

かったわけではありませんが、結局、既存のシステムを有意に組み替えるような大胆な改革論が展開、実施される局面はなかったという評価が妥当するといってよいでしょう。

COLUMN

受け皿論

　地方分権改革では、これまでのわが国の中央集権的な行政体制を方向転換するという思惑が先行しました。基礎的自治体としての市町村が基本単位であることが強調され、市町村を中心にした仕組みの整備が強く志向されたのです。そのため、実際に市町村に十分な行政能力があるのかという問題（これを「受け皿論」といいます）は、事実上封印されてしまいます。結果として、都道府県には、広域的団体として連絡調整にあたるという、内容希薄な任務が付与されるにとどまり、都道府県ははなはだ存在感のないものとなってしまいました。

　ところが、皮肉なことに、地方分権改革が進むそのさ中に、わが国では、大規模な自然災害、生活安全を脅かす重大犯罪の頻発、国際テロの現実的危険性など、市町村では手に負えない危機管理に関わる諸問題が一気に顕在化します。これらの問題は、市町村のエリアを超えた広域的な行政対応を必要とするものが多く、また、都道府県でも対応できない専門的対応が求められるものも少なくありません。そうした問題の処理について、地方分権の時代だからといって市町村に責任を押しつけるとすれば、それは不可能を強いることに他ならず、国民にとって好ましい事態とはいえません。

　都道府県は、その統治能力や組織適性に照らすと、現行制度の下においても、市町村では十分になしえない、能動的で主体的な役割を果たすポテンシャルを持っています。都道府県の果たし得る適切な役割とはどのようなものか、さらに、国の果たすべき役割についても、専門性という観点から改めて検討する必要があります。国・都道府県・市町村の各主体がそれぞれに適切な役割分担を果たすことが、国民にとって何よりも大事であるという原点に立つことが必要です。素朴な市町村主義から脱却し、成熟した国―地方関係を構築することが求められます。

第3編

行政法の基礎理論

第6章　行政の基本ルール

POINT

① 行政の基本ルールとして、法律による行政の原理、適正手続の原理、説明責任の原理がある。
② 法律による行政の原理の中では、「法律の留保」という問題が重要であるが、行政実務では侵害留保説がとられており、通説でもある。
③ 適正手続の原理は、戦後になってわが国に導入された比較的新しい原理であり、行政手続法はこの原理を一部具体化したものである。
④ 説明責任の原理は、主権者である国民に対する政府の責任を中心とする原理であり、情報公開制度はこの原理に関わっている。個人情報保護制度は、情報化社会の前提条件として整備が要請される。

★キーワード
法治主義、法規、組織規範と根拠規範、控除説、侵害行政と給付行政、法律の留保、デュー・プロセス、告知・聴聞、説明責任、司法行政

1　法律による行政の原理

(1) **意義**
◆**最も重要な原理**

行政法の中で最も重要な基本原理といえば、「法律による行政の原理」です。「法治主義」という言葉が使われることもあります。その内容はごくシンプルで、行政の活動は法律に従って行われなくてはならないということです。

憲法は、国会を「国権の最高機関であつて、国の唯一の立法機関」(41条) と定め、議会制民主主義を採用していますから、行政が国会の制定する法律に従って実施されなければならないというのは、憲法上の要請です。そして、この原理は、法律違反の行政活動がなされた場合には、事後的に、裁判所がそのような行為を法律違反であると明確に宣言した

うえで、適法性を回復する仕組みが整備されていることをあわせて要請します。行政が法律に違反した場合に何の是正措置もないとすれば、行政は法律を遵守しなければならないといっても、意味がないからです。

(2) 法律の捉え方
◆**実質的意味における法律**

「法律による行政の原理」を理解する前提として、そもそも法律という概念がどういうものなのかを明らかにしておく必要があります。法律の捉え方には、大きく分けて、国会が作った規範をもって法律とみると

COLUMN

法治主義の弱点と行政法の役割

「法律による行政の原理」は、行政権が国民の権利自由を侵害することのないように行政を法律であらかじめ拘束しておくというもので、行政法における最も重要な原理とされています。しかし、実は、この原理には大きな弱点があります。

この原理は、あらかじめ作られた法律が合理的にできていて、行政が遵守すべき規範として有効・適切なものである、という大前提の下で成り立っています。良い法律は行政によってしっかり執行されなければなりません。しかしながら、現実に作られる法律は、限られた時間の中で、その時々の情勢や政治的な妥協によって作られるため、法律が完璧な内容を備えているという保障はありません。そのため、実際問題として「欠陥法律」ができてしまうと、「法律による行政の原理」といっても、はなはだ空しいことになってしまうのです。これは、民主主義社会ではやむを得ないことです。

そこで、制定法が必ずしも完璧とは限らないということを前提として、具体的な事案の処理にあたっては、なるべく合理的な解決が図られるよう、解釈上の工夫をすることが求められます。ここに、解釈論の重要な役割のひとつがあります。さらに、そのような法律は速やかに改正されるに越したことはありませんから、同時に、立法論も提示される必要があります。

行政法の役割は、このような場面で合理的な解釈指針を示すとともに、より良い立法をするための指導原理となる法理論を提示することにあります。

いう形式的な捉え方と、その規定する内容に着目する実質的な捉え方の2通りがあります。大事なのは、いうまでもなく後者の「実質的意味での法律」のほうで、どういう内容を法律という形式を使って国会が定めるべきかという問題が論じられます。憲法41条は国会を「国の唯一の立法機関」と定めていますが、ここにいう「立法」概念とは何かという問題と言い換えることもできます。

◆ **税金問題**

歴史的にみると、議会主義は税金問題を中心に発展してきました。君主が十分に強ければ、「来年から新しい税金を課します」と宣言すれば、その主張のとおりになりますが、世の中、そうは問屋が卸しません。税金を払う側はたまったものではないので、必死に抵抗するのは当然の成り行きです。税金を課そうとする君主と、これに反対する勢力の壮絶なバトルの結果出てきたのが、「議会主義」です。すなわち、「君主が課税権を行使することができるのは、議会が法律という形式をもって同意を与えた場合に限られる」というグランド・ルールを作り、議会の同意をとりつけることを条件に税金の賦課を認めることになったのです。議会主義は、両勢力の折り合いのひとつのつけ方、といえます。

憲法をみてみると、国会を唯一の立法機関と定める41条があるにもかかわらず、税金については84条で租税法律主義が定められています。税金をかけるにあたって法律の根拠が必要であることは84条で明らかですが、同じことは41条からも導くことができます。これは、税金問題が先導するかたちで議会主義が出てきたという歴史性を反映したものです。

◆ **法規**

議会が法律で定めるべき事項としては、当初は、税金の賦課が主要な関心事項であり、個々の国民の財産権を制約する場合が中心に想定されていました。しかし、時代の流れの中で議会勢力が徐々に拡大するにしたがって、議会の決定事項は広がりをみせていきます。今日では、財産権に限らず、広く国民の自由を制約し、義務を課すことを内容とする事項については、議会の法律という形式を伴った承認を必要とすると考えられるようになっています。国民の自由を制約し、義務を課す規範を「法規」といいます。現在、憲法41条にいう国会が定めるべき「立法」

の中に法規事項が含まれることについて、争いはありません。

◆**自由主義と民主主義**

　国家（君主）が、国民の権利自由に影響を与えるような権力を行使する場合には、議会の同意を必要とするという考え方は、自由主義的な思想を背景としています。自由主義とは、個々人の権利自由を守るため

COLUMN

組織規範、根拠規範、規制規範

　法律を、その機能に着目して、組織規範、根拠規範、規制規範に分けることがあります。

　① 組織規範とは、財務省設置法、外務省設置法のように、特定の行政機関の組織に関する定めをいいます。

　② 根拠規範とは、組織規範があることを前提として、ある行政機関が一定の行政活動をするにあたって必要な根拠となる規定のことをいいます。行政が国民に直接働きかける根拠を提供するので、「作用法」ともいわれます。法律による行政の原理の観点から重要なのは、根拠規範です。

　組織規範と根拠規範の具体例として、警察法と警察官職務執行法をあげておきましょう。警察法は、警察組織について定める法律で、組織規範の典型です。そこでは、警察組織が都道府県単位で「本部」という形で設けられることや（これを「都道府県警察」といい、〇〇県警と呼ばれます。ただ、東京都は首都なので警視庁という特殊な組織が置かれます）、都道府県警察における最上位の組織は、都道府県公安委員会であることなどが定められています。これに対して、警察官職務執行法は、根拠規範（作用法）の典型的なもので、現場で実際に活動する警察官の権限行使について定めています。具体的には、挙動不審者等に対する職務質問（2条）や、自傷他害のおそれのある者や病人等の保護（3条）などについて、規定が設けられています。

　③ 規制規範とは、行政活動のやり方について定める規範です。補助金適正化法（補助金等に係る予算の執行の適正化に関する法律）は、公的主体が補助金を出す場合に、根拠規範の有無にかかわらず、交付決定という処分形式をとること、受領者に所定の義務を課すこと等を定めています。これは規制規範の典型的なものです。

に、権力に対する防波堤として、法律を制定するべきであるという思想です。この考え方によると、個人の権利自由が脅かされる可能性のある場合には、法律を制定すべきだということになりますが、反面、個人の権利自由が脅かされる心配のない場面では、法律を制定する必要はないことになります。議会が関与する領域は、おのずから限定されます。

そこで、民主主義的な観点から、議会の権限を拡大すべきだという主張が出てきます。選挙によって選ばれた国民の代表である国会議員によって組織されている国会の権限をなるべく広げるのが好ましい、と考えるわけです。民主主義的な考えからすると、国会の決定事項は多ければ多いほどよい、という帰結になります。このような観点から、現在、憲法41条の「立法」の意義の解釈にあたっては、法規にかぎらず、これを広げて解釈するのが一般的です。

ただ、国会の議決事項をどの程度まで広げるかについては議論があり、少なくとも「組織に関する定め」は法律によるべきであるとする見解が有力です。組織に関する規範は、内容的には法規ではありませんが、主要な国家機関の組織のあり方は、民主主義的観点からみれば、法律で定めるほうが好ましいと考えられるからです。実際、内閣については内閣法、内閣府については内閣府設置法、その他一般の行政機関については国家行政組織法や各省設置法が制定されています。

(3) 行政の観念
◆**控除説**

行政の概念については、「国家作用の中から立法作用と司法作用を除いたもの」という消極的な定義がなされます。これを控除説といいます。しかし、控除説は、行政の中身について積極的に語るものではないため、これでは定義になっていないという批判があります。ただ、行政概念を積極的に定義しようとしても、行政活動の範囲は広く、多種多様なものを含んでいるので、必ずしも成功していません。行政とは何かと問われたとき、「いろいろあります」という程度の答えをするのが精一杯、ということなのです。

◆**侵害行政と給付行政**
　控除説を採用すると、行政には多種多様なものが含まれることになりますが、この「いろいろある行政」を分析するにあたって、侵害行政と給付行政の区別は重要です。これは、行政の内容に着目して、国民の権利自由に対して不利益的な作用を及ぼすものを侵害行政、利益的な作用を及ぼすものを給付行政とするものです。
　侵害行政の最も典型な例は、課税処分です。課税処分は、公的主体が、国民の承諾の有無にかかわらず、法律に基づいて一方的に税金の支払いを義務づけるものですから、それは個人の財産権を侵害する作用です。これに対して、生活保護費の支給のように、公的主体が国民に直接金員を提供したり、道路・公園・橋を建設したり、国公立学校で教育活動を行うといった行政は、国民に対して広く給付を行うタイプの行政です。
　現代の行政活動には、侵害行政と給付行政が混在しています。そして、実際の行政活動には、侵害的であると同時に給付的であるというものもあるという点に留意しておきましょう。たとえば、補助金の給付は典型的な給付行政ですが、その原資は公金であるため受領者には種々の義務が課せられており、侵害行政としての側面も有しています。
　このように、侵害行政と給付行政の区分は必ずしも徹底できない部分もあるのですが、法解釈にとって有益な視点を提供します。

(4)　法律による行政の原理の内容
◆**法律による行政の原理**
　「法律による行政の原理」には、次の3つの内容があります。

〈法律による行政の原理の内容〉
① 法律の法規創造力
② 法律の優位
③ 法律の留保

①法律の法規創造力
　「法律の法規創造力」とは、法律によってのみ法規を創造することが

できるということです。国民の権利義務に関わる事項を規律できるのは法律だけである、と言い換えていいでしょう。「法律の法規創造力」という変な日本語は、ドイツ語の翻訳であることによります。日本の法律学は、そのほとんどが明治期に主としてフランスやドイツから継受されたものであることが、こうした用語に表れています。戦後になって、アメリカ型の憲法が制定されましたが、法律レベルでは依然としてヨーロッパの影響が強く残っています。

②法律の優位

「法律の優位」とは、法律が存在する場合には、行政活動は法律に反してはならず、法律違反の行政活動は無効になるということです。今日でこそあたり前の考え方ですが、かつて君主が国家を統治していた時代には、君主は法律と同ランクの規範を制定することができ、法律の優位は決してあたり前のことではありませんでした。民主主義が定着して、議会の制定する法律が最も重要な規範であると考えられるようになったのは、長い人類の歴史からみれば、ごく最近のことにすぎません。

③法律の留保

「法律による行政の原理」の中で、最も重要なものが「法律の留保」という問題です。これもこなれていない日本語ですが、ドイツ語の直訳なのでご容赦ください。「法律の留保」とは、どのような性質の行政活動について法律の根拠を要求するべきかという問題です。歴史的には、君主の活動はもともと自由なものであり、法律の根拠なくして行われることが通例でしたから、君主の広範な諸活動の中で、議会が関与すべき行政活動とはどのようなものかが論じられました。

現在の学説は、侵害留保説、全部留保説、中間説に分かれています。

侵害留保説とは、侵害行政については法律の根拠を要するという見解です。この考え方では、侵害行政と給付行政の区別を前提として、侵害行政には法律の根拠を要するが、給付行政には法律の根拠は要しないとされます。行政実務および通説の立場です。個人の権利義務に関わる侵害行政については、自由主義的見地から法律の根拠が必要とされますが、給付行政は、個人に便益を与えるものなので規制の必要性に乏しく、この種の活動については法律で縛らずに行政の自由度を高めておく

COLUMN
自動車検問と法律の根拠

　警察による自動車一斉検問については、法律の根拠がないのではないかという疑問があります。

　警察官職務執行法では、警察官には、挙動不審とみられる者に対して「職務質問」をする権限が与えられています（2条1項）。夜間無灯火で自転車に乗っていたりすると、警察官に呼び止められて、名前を聞かれたり、どこにいくのか、何をしているのかなどの質問を受けたりした経験がある方もいるでしょう。質問された本人にとっては不愉快かもしれませんが、「周囲の事情から合理的に判断して」あやしいとみられる者に対して警察官が質問をするのは、犯罪予防の観点から認められている警察官の重要な任務です。ところが、自動車検問は、運転者が挙動不審かどうかにかかわらず実施されるため、職務質問の要件を充足していないことは明らかです。

　この点、最高裁は、「警察法2条1項が『交通の取締』を警察の責務として定めていることに照らすと、交通の安全及び交通秩序の維持などに必要な諸活動は、強制力を伴わない任意手段による限り、一般的に許容される」と述べて、警察法を援用したうえで任意の協力を求める形で行われる自動車検問は適法であるとしました（最判昭55・9・22刑集34巻5号272頁）。つまり、作用法としての警察官職務執行法上の根拠はないが、組織法としての警察法の規定をもって自動車検問の根拠としたのです。自動車の場合、とにかくいったん車を止めさせたうえで運転者の顔を見てみないと、挙動不審者かどうか判断のしようがありません。そこで、自動車については一律的な検問を認める必要性があることは否定できません。

　警察法は、警察という組織に関する規定にすぎず、作用法ではありませんから、公権力による国民の自由領域への干渉を正当化するものではありません。組織法も法律なのだからいいじゃないか、とする向きもありますが、それでは、組織規範と根拠規範の質的相違を無視することになってしまいます。根拠規範である警察官職務執行法に、職務質問の自動車バージョンとして、きちんと規定を設けることが望まれます。

ほうが、むしろ国民の利益になるという判断も働いています。

これに対抗する学説として、全部留保説があります。この説では、民主主義的な観点を強調し、現代国家においてはあらゆる行政活動は民主的正当性を持たなければならないとして、行政活動のすべてについて法律の根拠を要求します。しかし、この説によれば、法律の根拠がないと行政活動を行うことは許されないため、行政は迅速に国民のニーズに応えることができないという難点があります。法律ができるまで行政は手をこまねいていなければなりません。民主主義を徹底させる点で、全部留保説は美しいのですが、実際的でなく、かえって国民にとって不都合が生じてしまうのです。

その他、中間的な学説がいくつか唱えられており、その中で比較的有力なのは重要事項留保説です。これは、重要事項については法律の根拠を要するという見解ですが、肝心の「重要事項」の基準がはっきりしないという批判があります。

2 適正手続の原理

(1) 憲法の要請するデュー・プロセス
◆**実体法中心の考え方**

「法律による行政の原理」は、行政活動が内容的に正しいことを重視する実体法中心の考え方です。これは、明治時代にヨーロッパから輸入された伝統的な考え方ですが、法律の定めた要件どおりに行政活動がなされるという「結果」が重視されます。たとえば、所得税について、法律で10％の税率が規定されている場合、1000万円の収入があった人に対しては法律の規定どおりに100万円の税金をかけるということが大事なのです。「法律による行政の原理」では、処分の実体的な正しさが求められています。

◆**手続の公正さを求める原理**

戦後、アメリカ型の憲法が制定され、それまでなじみのなかった「デュー・プロセス」という考え方が、わが国に持ち込まれます。今の憲法は、全体の分量バランスからいうと刑事手続に関する規定が多いところにひとつの特徴があるのですが、刑事手続を中心にして、憲法31条

に象徴される適正手続（デュー・プロセス）の考え方が盛り込まれています。憲法31条は、「何人も、法律の定める手続によらなければ、その生命若しくは自由を奪はれ、又はその他の刑罰を科せられない」と規定していますから、それが刑事罰を科す場合の手続の適正を求めていることは明らかです。しかし、今日、手続の公正さは、刑事手続についてだけではなく、一般的な行政手続においても要請されるということが、共通認識となっています。行政活動も、内容的に正しいだけでなく、手続的にも適正なプロセスを経ているということが「正義」であり、そこに独自の価値があると考えられます。

憲法上の理念として行政手続が適正であるべきことは、判例法理として承認されており（最大判平4・7・1民集46巻5号437頁、最判平15・11・27民集57巻10号1665頁）、平成5年に制定された行政手続法は、この憲法理念を法律レベルで一部具体化しています。そのキー概念は、「行政運営における公正の確保と透明性」です（1条）。ここで「透明性」とは、行政上の意思決定について、その内容および過程が国民にとって明らかであること、と説明されています。

行政手続法について少し説明しておきましょう。

(2) 行政手続法
◆行政手続のポイント

行政手続とは、行政庁が何らかの行政決定をなすにあたって、決定に先立って踏むべき事前手続のことをいいます。行政決定として想定しているのは、典型的には行政行為（行政処分）です（➡第7章）。事前手続には次の3つの要素があります。

〈事前手続の3要素〉
① 告知・聴聞
② 理由付記
③ 行政基準の設定・公表

行政手続法は比較的新しい法律ですが、それまでに積み重ねられた判

例の考え方やアメリカ的な適正手続の思想をベースにして作られています。行政手続法では、行政処分を、「申請に対する処分」と「不利益処分」に分けて、それぞれの事前手続について定めを置いています。なお、同法は行政指導についても規定を設けていますが、その手続の説明は第9章に譲ります。

◆告知・聴聞

告知・聴聞とは、行政決定に先立って、相手方に対して決定の内容および理由を知らせ（告知）、そのうえで相手方の反論を聴く（聴聞）ことをいいます。とくに、不利益な決定がなされる際には、決定を受ける私人にあらかじめ言い分を述べる機会を与えることは、権利保護の観点から重要であり、憲法上の要請と考えられています。

行政手続法は、不利益処分をしようとする場合の事前手続について詳細な規定を置いています（13条以下）。

◆理由付記

理由付記とは、行政決定に際して、行政機関がその理由を処分書等に付記して対象者に知らせることをいいます。行政決定には必ず何らかの理由があるはずですから、それを文書化して付記させることで、行政決定が慎重になります。さらに、対象者としても処分理由を知ることによって、行政不服申立て等の事後的な手続がとりやすくなります。

理由をどの程度具体的に述べるかという理由付記の程度については、単に処分の根拠となった条文をあげるだけでは不十分であり、どのような事実関係に基づいて、いかなる法規を適用したのか了知可能な具体的記載が必要であるというのが判例の立場です（最判昭60・1・22民集39巻1号1頁）。

行政手続法は、申請に対する拒否処分をする場合には申請者に対し、処分と同時に理由を示さなければならないとしています（8条）。不利益処分をする場合も、原則として同様です（14条）。

◆行政基準の設定・公表

行政基準の設定・公表とは、行政機関が決定を行う基準をあらかじめ設定し、事前に広く公表することをいいます。これにより、行政機関は、恣意的な運用や独断的な判断ができなくなります。国民も、行政機

関がどのような決定をするのかについて予測可能性を得ることができます。行政決定の基準が明らかでないと、行政過程が「ブラックボックス」になってしまい、ろくなことがないので、基準の設定と公表が求められているのです。

　行政手続法では、申請に対する処分については「審査基準」をあらかじめできる限り具体的に定めるものとし、公にしておく義務（公表義務）があるとしています（5条）。これに対して、不利益処分については、処分が多様であるため、「処分基準」を定めたうえで、公にしておく努力義務を課すにとどまっています（12条）。

〈行政基準の設定・公表〉

申請に対する処分…審査基準の公表義務
不利益処分…………処分基準の公表努力義務

3　説明責任の原理

(1)　国民主権原理の要請

◆はじまりは情報公開法

　何か不祥事があったとき、最近では、必ずといっていいほど「説明責任を果たせ」というフレーズが使われます。「説明責任（アカウンタビリティ）」という言葉は、わが国ですっかり定着した感がありますが、これはそもそもどういう意味なのでしょうか。

　説明責任という言葉は、平成11年に制定された情報公開法（「行政機関の保有する情報の公開に関する法律」）にはじめて登場しました。情報公開法1条では、「この法律は、国民主権の理念にのっとり、行政文書の開示を請求する権利につき定めること等により、行政機関の保有する情報の一層の公開を図り、もって政府の有するその諸活動を国民に説明する責務が全うされるようにするとともに、国民の的確な理解と批判の下にある公正で民主的な行政の推進に資することを目的とする」と規定されています。つまり、説明責任とは、政府の諸活動を国民にきちんと知らせ、その理解を得ると同時に批判にさらされることで、公正で民

主的な行政を達成することを企図している、というコンテクストの中で語られます。

◆**国民主権との関係**

　説明責任は、国民主権に由来しています。国民主権は、最も重要な憲法原理のひとつですが、「国民が主権者である」ということは、究極的には、国政の重要な事項については国民自身が判断するということに他なりません。そして、国民による的確な判断を可能とするためには、その前提として、個々の問題に関する重要で有用な情報が、適時適切に、国民に十分に提供されていなければなりません。こうして、政府には、国民主権に照らし、このような情報を国民に提供し、事態を説明する責任があるとされるのです。

　その後、平成13年に制定された政策評価法（行政機関が行う政策の評価に関する法律）においても、政策評価が政府の諸活動について「国民に説明する責務」が全うされるようにすることを目的とする旨が明示されています（1条）。

(2)　**情報公開・個人情報保護法制**

◆**行政国家現象と情報の集積**

　現代国家においては、行政権が肥大化しているため（これを「行政国家現象」といいます）、行政には膨大な情報が集積しています。行政が積極的に情報を収集する場合もありますし、日常業務を遂行する過程で情報が集まってくるという側面もあります。このような状況を前提として、国民の側から、行政機関に集積された情報にアクセスする仕組みとして、情報公開制度と個人情報保護制度が設けられています。

◆**情報公開制度**

　情報公開制度は、国民の側から行政情報にアクセスする権利を保障し、行政情報の開示を求める手続を整備しています。情報公開法では、行政情報の開示請求権が「何人」にも認められており（3条）、それは国民主権・民主主義の実現と深く関わっています。法目的の中に、「知る権利」という文言は入っていませんが、政府の「説明責任」とは、これを政府側から言い換えたものということができます。

◆**個人情報保護制度**

　個人情報保護制度には、一般的な定めを置く「個人情報の保護に関する法律」と、行政機関に関わる「行政機関の保有する個人情報の保護に関する法律」があります。前者は、個人情報取扱事業者を軸とする民間部門に対する規制を設けています。後者は、平成15年に旧法の全面改正によって現在の形となり、平成17年から施行されています。その内容は、国民が行政の保有する自己情報にアクセスする権利を認め、自己情報に関する開示・訂正等を求める手続に関わっています。また、平成25年には、これらの法律の特例を定める「マイナンバー法（行政手続における特定の個人を識別するための番号の利用等に関する法律）」が制定されています。

　個人情報保護制度は、プライバシー権の保護・自己情報のコントロールという憲法問題と関連しています。情報化社会において、情報の開示を円滑に行うためには、個人情報の保護がしっかりなされていることが前提条件でなければなりません。そのような意味で、情報公開制度と個人情報保護制度は「車の両輪」といわれます。

COLUMN

裁判所の情報公開

　情報公開法の対象は行政機関に限られており、国会や裁判所は同法の適用を受けていません。情報公開訴訟において、裁判所はしばしば行政機関に対して全面開示を命ずる厳しい判決を出していますが、裁判所自身の情報公開はどうなっているのでしょうか。

　裁判所の最も基本的な任務は、紛争を解決することです。この局面に関しては、裁判は公開法廷で行われますし、判決文は基本的に何人も閲覧することができます。判決文のコピーも条件つきながら認められますし、最高裁判決および一部の下級審判決は、最高裁のホームページにアップされるようになりました。他方で、裁判所には、「行政機関」としての側面があります。裁判所は、それ自体が巨大な組織体であり、全国の裁判所を運営していくために、最高裁

を頂点とするピラミッド型組織構造ができています。この組織運営に関わる作用を「司法行政」といいます。司法行政とは、裁判所が行う行政活動のことで、裁判所の予算運営、裁判官等の人事などが主要な内容です。この局面では、「裁判所」という名の一種の行政機関があり、そのトップに立っているのが最高裁事務総局ということになります。

　司法行政は、実質的な意味での行政活動ですから、その情報は行政機関の情報と同じように開示される必要があり、「司法権の独立」とは別次元に属する問題と考えられます。最高裁は、「裁判所の保有する司法行政文書の開示に関する事務の取扱要綱」を定め（平成27年7月1日実施）、情報公開法と同趣旨の扱いをすることとしています。その仕組みは、最高裁判所、高等裁判所、地方裁判所等の各裁判所に対して、裁判所の職員の作成にかかる司法行政文書の「開示の申出」があった場合、申出を受けた裁判所がまず判断をし、開示・不開示の「通知」を行い、不開示の場合にはその理由を簡潔に付記するものとされます。そして、この措置に対する「苦情の申出」は最高裁判所にすることができますが、その場合、最高裁に置かれた「情報公開・個人情報保護審査委員会」に諮問をし、最高裁はその答申を尊重して判断のうえ、「苦情対応結果通知」を申出人にすることになります。

　この仕組みは、要綱という内部の運用基準として設けられているにすぎず、不開示措置がとられた場合に争う方法もはっきりしておらず、情報公開制度としては明らかに不十分です。何より、裁判所の不開示措置を正式に裁判で争おうとすると、裁判所は自分のした判断について自らが判断することになり、この点をどう考えるかという問題もあります。裁判所の情報公開については、少なくとも正式の規範である最高裁規則によって、公正で客観的な仕組みを整備する必要があります。

第7章 伝統的な行為形式—行政行為

> **POINT**
>
> ① 行政の最も基本的な行為形式が行政行為であり、行政行為論は行政法の中心的なテーマである。
> ② 行政行為の基本型として、許可と特許という対照的な類型がある。
> ③ 行政行為は瑕疵があっても直ちに無効にはならない。これを公定力というが、最近は「取消訴訟の排他的管轄」という技術的な説明がなされる。
>
> ★キーワード
> 行政行為、民による行政行為、許可と特許、自動車運転免許、公有水面埋立法、公企業の特許、公定力、瑕疵、不可争力

1 行政行為

◆行政は行政行為、私人は契約

　行政の最も基本的な行為形式は、「行政行為」です。その内容をごく簡単にいえば、権力行為とほぼ同義といってよいでしょう。行政行為の特徴は、契約と比べるとわかりやすいので、まず契約について説明することにします。

　私人が法的行為をする場合の基本的な形式は「契約」です。対等な私人間では、お互いの要望に沿って話し合いがなされ、折り合いがついて「合意」ができると、めでたく契約成立となります。そして、いったん契約が成立すると、契約当事者の間に権利義務関係が発生し、契約は双方を拘束します。たとえば、物の売買契約であれば、売主は引渡義務、買主は代金支払義務を、それぞれ負います。しかし、契約の場合、嫌なら契約を結ばなければいいのですから、義務を負うのは、あくまでも自分の意思、自らの自由な決断の結果です。気が進まなければやめちゃって構わない、というのが大前提であり、これが「私的自治の原則」の具体的な意味ということになります。そして、契約にどのような内容を盛

り込むかも、契約当事者の好きなように決めてよいのが原則です。このことを「契約自由の原則」といいます。

◆**法律による行政の原理と行政行為**

　これに対して、行政が国民を相手に活動する場合、契約ではなく、「行政行為」という形式をとるべきであるとされています。現代においては、行政と国民の間で契約が結ばれることも多いのですが、かつては、行政は契約という行為形式を用いることは許されないと考えられていました。これは、行政と国民の力関係を考えればわかることですが、行政は巨大な組織を背景として大きな権力を持っているのに対し、国民は吹けば飛んでしまいそうな、か弱い個人にすぎません。力の強い者と弱い者が「お互いに合意をした」と称して契約を結んだ場合、どうしても弱い立場にある国民にとって一方的に不利なものとなってしまうおそれがあります。「合意したのだから」ということで、国民の権利自由が侵害されてしまうことが懸念されたのです。

　そこで、そのようなことがないよう、行政が権力を行使する場合には、あらかじめ「法律がとくに認めた行為類型」によって活動すべきであると考えられました。ここにいう「法律がとくに認めた行為類型」の総称を、理論上「行政行為」と呼んでいます。こうした考え方は、「法律による行政の原理」の具体的な表れに他なりません。「法律による行政の原理」は、行政が権力的な活動をする場合には、必ず法律の根拠を必要とするとともに（法律の留保）、行政活動を特定の型（行政行為）に押し込めることで、行政をコントロールし、国民の権利自由を侵害させないようにすることを目的としています。このように、行政行為の議論は、法律による行政の原理と密接に関係しています。

〈行政の活動形式〉

私人と私人	契約	← 当事者の合意による 　（私的自治の原則）
行政と私人	行政行為	← 法律により行政をコントロールする 　（法律による行政の原理）

◆行政行為とは

　行政行為とは、すでに述べたように、法律がとくに認めた行為類型のことをいいます。個々の行為類型の具体的な内容は、個別の法律の定めるところに応じて、バリエーションがあります。たとえば、許可、特許、認可、命令、確認、承認、指示、禁止、登録、認証、免許など、ネーミングや内容は、微妙に違っています。

　これらの行為類型は一見多様に見えますが、いずれも行政による「公権力の行使」であるという点で共通しています。そこで、法律上の名称がどのようなものであっても、これらを包括して「行政行為」と呼んでいます。最近では、「行政行為」という用語が抽象的で古くさい感じがするというので、ほぼ同じ意味で「処分」と言ったり、「行政処分」と言ったりする論者もいます。「処分」という言葉は、行政手続法2条2号や行政事件訴訟法3条2項などで、実際に使われています。とくにこだわる理由はないので、本書では、TPOに応じて、いずれの用語も使っていくことにします。

　行政行為論では、行政行為に共通する問題を取り扱います。たとえば、行政行為には、公定力、不可争力といわれる特別な効力が認められます。あるいは、行政行為には行政裁量があるとされますが、どのような場合に行政裁量が認められ、それがどのようなものであるかといった議論がなされます。行政行為には特別な効力や行政裁量があるというと、行政の「特権」を扱うという感じがするかもしれません。たしかに、一昔前の議論では、そういうニュアンスもあったのですが、今日では、少なくとも建前上は、行政行為の特徴をドライかつ合理的に、分析しているにとどまります。

◆行政行為の3要素

　行政行為概念のポイントを整理しておきましょう。

　最高裁の判例では、行政行為の定義として、「公権力の主体たる国または公共団体が行う行為のうち、その行為によって、直接国民の権利義務を形成しまたはその範囲を確定することが法律上認められているものをいう」とされています（最判昭39・10・29民集18巻8号1809頁）。この判例の定義から、3つの要素を抽出することができます。

> **〈行政行為の3つの要素〉**
> ① その効果が特定個人の権利義務に及ぶこと
> ② 特定個人の権利義務を具体的に決定する法的効果があること
> ③ 行政庁の一方的判断によって権利義務関係を決定すること

①行政行為と行政基準の違い

　行政行為といえるためには、その効果が特定個人の権利義務に及ぶものでなければなりません。許可にせよ、不許可にせよ、行政行為は特定の個人をターゲットとして行われる個別の行為であるということです。

　行政活動の中には、規範を定立する作用があり、これを行政基準といいます（➡第12章）。規範の定立は、広く一般人を対象とするので、個人を対象にするものではありません。そこで、行政活動のうち、対象が特定個人であるか一般人であるかによって、行政行為と行政基準が区別されることになります。

②行政行為と行政指導の違い

　行政行為は法律行為なので、国民の権利義務に法的に影響を与えるという「法的効果」がなければなりません。法的効果がない行政活動は「事実行為」といわれ、行政指導はその代表格です（➡第9章）。行政指導とは、行政が相手方の任意を前提に事実上の働きかけを行う作用をいいます。私人の側にしてみると、何といってもお上の働きかけですから、少なからぬプレッシャーを感じるわけですが、何を言われたとしても、そのことによって自分の権利義務が法的に影響を受けることはありません。勇気を出せば、断れます。このことを行政の側からみると、行政指導を無理強いしてはならず、いやがる私人に言うことをきかせようと思うなら、行政行為という正式の行為形式を選択して、私人を法的に拘束すべきだということになります。

③行政行為と行政契約

　行政行為は、行政庁の一方的な行為を想定しています。たとえば、公務員の免職処分の場合、免職処分は本人の意思とは関わりなく、任免権者によって一方的に行われます。もっとも、公務員の任用の場合、本人

の希望があることを前提に任命処分がなされるので、実質的には行政と私人の間に公務員になることについての合意があるともいえます。しかし、この場合でも、任命処分そのものは任命権者の一方的な行為として行われます。

　行政実務においては、契約方式がよく使われていますが、行政契約は契約である以上、両当事者の意思が合致してはじめて成立します。したがって、行政契約は双方向的な法律行為ということができます。こうして、一方的な行為であれば行政行為、双方向的な行為であれば行政契約、という区別をすることが可能です（➡第10章）。

◆民による行政行為

　前述した判例の行政行為についての定義からすると、行政行為の主体は国・公共団体に限定されるようにみえます（厳密には権限を持つ行政庁が行政行為を行います）。しかし、最近では民間委託や民営化の流れを受けて、私人が行政行為を行う例がみられるようになっています。

　たとえば、家を建てる場合、建築基準法によって「建築確認」を受けることが義務づけられています。建築確認は、「確認」という軽い感じの名称がつけられていますが、れっきとした行政行為です。従来、建築確認は、「建築主事」という専門の公務員が行ってきました。しかし、平成10年に建築基準法が改正され、国土交通大臣または都道府県知事の「指定」を受けた私人（会社）も、建築確認を行うことができるようになりました。この指定を受けた者は、「指定確認検査機関」と呼ばれます（6条の2）。これが、「建築確認の民間開放」といわれる現象です。この仕組みは、私人であっても、一定の要件の下で「指定」を受ければ、建築確認という「公の事務」に関与してよいという考え方に基づいています。この改正により、現在は建築確認という行政行為は、私人も行うことが認められているのです。

　また、公民館などの「公の施設」の管理運営は、従来は公務員でなければ行うことができないとされてきましたが、平成16年に地方自治法が改正され、「指定管理者」制度が創設されました。この制度では、NPOや公益法人などの民間事業者が「指定」を受けると、行政庁の権限を代行する者として、「使用許可」などの一定の公権力の行使を行うことが

可能になっています（244条の2第3項以下）。

　私人が行政行為を行うという仕組みは、行政全体からみると、まだそれほど多くはありません。しかし、今後このような立法例が増えれば、行政行為の定義も変える必要が出てくるでしょう。

2　典型的な行政行為

◆許可と特許

　典型的な行政行為として、許可と特許があります。ここでいう許可、特許という言葉は、あくまでも理論上の概念です。許可と特許は、理論上は全く違うものなのですが、実際の法律では、両者がとくに区別されることなく、単に「許可」と記されている場合が少なくありません。そのため、法律の規定に「許可」と書かれているからといって、理論上の許可とは限らないので、その理論的性質を見極める必要があります。そして、許可と特許のいずれに該当するかによって、その後の法律解釈の方向性も異なってきます。法律上の用語は必ずしも統一されているわけではないので、問題となる行政行為の法的性質を解明するための基本概念として、許可と特許の区別は重要な意味を持っています。

(1)　許可
◆許可の意義

　許可とは、人間が誰でも持っている自由を「公共の福祉」の観点からあらかじめ一般的に禁止しておき、個別の申請に基づいてとくに問題がなければ禁止を解除する、という行政行為です。典型例として、食品衛生法に基づく営業許可（52条）があげられます。

　具体的に述べていきましょう。たとえば、ラーメン屋さんを経営することは、「営業の自由」として憲法で保障されています(22条1項)。ラーメン屋さんになりたいと思う人は、誰でも自由にラーメン屋さんになることができるはずで、本来、これが規制されるいわれはありません。しかし、他方で、お店の衛生状態が悪いと食中毒が発生するかもしれず、そうなると、そのようなお店で食事をする一般の人々に思わぬ被害が出るかもしれません。そこで、食品衛生法という法律では、ラーメン屋に

限らず、さまざまな料理を提供するレストランなど、食品を扱う営業をしようとする者については、あらかじめこれを一般的に禁止しておき、お店を開こうとする人の個別の申請に応じて、施設の衛生状態をチェックし、問題がないと判断された場合にはじめて営業を許可する、という仕組みがとられています。つまり、一般的な禁止を個別的に解除すると

COLUMN
自動車運転免許の性質

　自動車または原動機付自転車を運転するには、運転免許が必要です（道路交通法84条1項）。運転免許とは、各都道府県の公安委員会が行う行政行為で、これが書面化されたものが運転免許証です。法律上は「免許」という言葉が使われていますが、その法的性質はどのようなものなのでしょうか。
　一般に、私たちがぶらぶら散歩したり、自転車を使って街中を走るといった行為をする場合、免許はもちろん、何の手続もいりません。こうした人間のごく自然的な移動態様は、本来的自由の領域に属するものであり、これらを規制しなければならない理由はないからです。
　これに対して、自動車の場合はどうでしょうか。自動車を持っている者は誰でも自由に道路を運転してよいということになると、交通ルールをきちんと知らなかったり、あるいは運転技能を修得していないのに運転行為を行ったりする者が出てくるので、一般公衆にとってきわめて危険な状況になります。「走る凶器」となり得る自動車の運転は、自由放任というわけにはいかないと考えられます。そこで、道路交通法は、自動車の運転をあらかじめ一般的に禁止したうえで、運転免許試験に合格した者について、各都道府県の公安委員会が免許を与えるとしているのです（89条、90条）。
　このように考えると、「運転免許」は、人間が憲法上有している「移動の自由」に対する一般的禁止を個別的に解除することであり、法律上は「免許」という名称がついていますが、その理論上の性質は「許可」であると理解されることになります。そして、運転免許の性質が「許可」であるとすれば、法律の定める要件を充足すれば免許は付与されるべきものだ、ということになりますから、都道府県公安委員会に免許を付与するかどうかについて特段の裁量は認められない、という帰結になります。

いうことが、「営業許可」の法的意味あいになります。

◆許可制度の運用

このことを、申請者の方から見ると、営業許可を得ることの法的な意味は、自分が憲法上有しているはずの自由を取り戻す、ということに他なりません。元の状態に戻すという意味で、「自由の原状回復」と表現されます。

食品衛生法上の営業許可がこのようなものであるとすると、それは私人の本来的な自由を規制しているわけですから、そのような規制は最小限であるべきだということになります。そうすると、営業許可の運用方針としては、法律が要求する要件を満たしている限り許可を出さなければならない、という話の流れになります。こうして、行政としては、申請が法律上の要件を充足していなければ「不許可」とするのは当然ですが、申請が法律上の要件を充足している以上は、許可を出すにあたり、自らの判断で条件を勝手につけたりすることは許されず(これを「附款」といいます)、許可を出すか出さないかについての「行政裁量」は基本的には認められない、ということになります。

(2) **特許**

◆特許の意義

許可と対照をなす行政行為として、「特許」があります。特許とは、行政庁が、人の本来的自由に属しない特権ないし特別の能力を特定私人に付与することをいいます。たとえば、公有水面埋立法という大正10年に制定された古い法律があります。この法律では、河、海、湖、沼などの「公有水面」を私人が埋立てようとする場合には、都道府県知事の「免許」が必要とされています(2条1項)。海や河の水面はみんなのもの、言い換えれば「公共のもの」ですから、これを私人が勝手に埋立てることはできません。「海を埋立てる自由」というものは認められないので、「特別の許し」を得たときに限ってできることになっているのです。ここにいう「特別の許し」が公有水面埋立法にいう「免許」です。そうだとすると、埋立ての「免許」の性質は、通常は認められない特権を与える行為として、理論上の特許であるということになります。そして、特

許ということになると、それは特定私人に特権を付与することであって、人の本来的自由に関わるものではないので、そもそも特許を与えるかどうか、誰に特許を与えるかについて、行政には広い行政裁量が認められると考えられます。同じ趣旨から、特許を与える際に、さまざまな条件をつけることも可能とされます。

　もっとも、特権には、それと引換えに種々の公的負担、公的義務がつけられるのが通例です。私人にとって特許を与えられるということは、一般には認められない特権を得ることには違いないのですが、同時にさまざまな義務や負担もあわせて負うことになるので、手放しで「おいしい話」というわけでもないのです。

〈許可と特許〉

| 許可 | 本来的自由に関わる ⇨ 条件はつけにくく、裁量は狭い |
| 特許 | 特権の付与 ⇨ 条件はつけやすく、裁量は広い |

◆海を埋めると自分のものに！

　海は、「みんなのもの」です。誰でも、海が見たいときは、海に行って心ゆくまで眺めるもよし、泳ぐもよし、ボートで繰り出すもよし、自由に海を使っていいのです。こういう物を「公物」といい、公物を一般公衆が自由に使うことを「自由使用」といいます。ところが、公有水面埋立法に基づいて「埋立免許」をもらい、実際に埋立工事を行って、「竣工認可」というお墨付きを得ると、埋立により造成された土地は、埋立てた人の所有物になってしまいます（公有水面埋立法24条）。みんなのものだったはずの海の一部が、特定私人に取得されることになるのです。土地所有権の取得の仕方には、承継取得と原始取得の2種類があります。承継取得とは、持ち主から土地を売ってもらい、所有権を承継するという意味です。今まで海だったところに埋立てによって土地が新たに出現し、その所有権を取得するという場合は、持ち主にあたる人がおらず、新しくきれいな所有権を取得するということになるので、原始取得になります。公有水面の埋立免許というものが大変な特権だということが、おわかりいただけると思います。

第7章　伝統的な行為形式——行政行為

近年、地球に優しいエネルギーとして、風力発電が注目されています。環境政策を積極的に推進していることを PR したい地方公共団体は、地元の海を埋立て、自分の領地をいわば自力で造成し、そこに風力発電施設を設置したりしています。風力発電用の土地を取引を通じて取得するのは、相手のあることでもあり、値段の交渉も難しく、何かと煩雑です。そこで、地方公共団体としては、「埋立てると自分のものになる」という公有水面埋立法の仕組みを利用することで、土地を自分で作ってしまい、これを原始取得するという方法を選択することが多いようです。地方公共団体なりの知恵ともいえますが、とはいえ、自然の海を埋立てて人工施設を作るということは、それ自体が環境破壊であるという面もありますから、トータルとして本当に地球に優しいといえるのか、その評価は分かれるところでしょう。

◆許可と特許の相対化

　さて、特許の中には、「公企業の特許」という問題領域があります。従来、電気事業、ガス事業、水道事業、鉄道事業、自動車運送事業などが、これにあたるとされてきました。

　たとえば、かつては、電気事業を営もうとする者は経済産業大臣の「許可」を得ることが必要とされ、これは理論上の特許と解されてきました。電気事業は、電気が実用化されたばかりの時代には、多大な設備投資と専門的な技術力を必要としたので、歴史的には「国家の任務」と考えられました。そのため、民間事業者に電気事業の営業を認めるとすれば、それは本来国がやるべき仕事を私人に特別にやらせるということになります。国家としては、国民生活にとって不可欠の電気の供給という重要な任務を滞りなく遂行できそうな優良事業者を選りすぐったうえで、特別にこれを認めるということになります。特別な任務を与えるということですから、それは理論上の特許だったのです。

　しかしながら、最近では、こうした公益事業について、それが元来「国家の任務」であると考える必然性はないと考えられるようになっています。とくに、規制緩和によって新規参入が比較的容易に認められ、事業者間の競争環境が整ってくると、「公企業の特許」は国家から与えられる特権というより、一般の営業許可に近づきます。電気事業について

も、近年の電気事業法の数次の改正を経て、いわゆる電力自由化が進められています。その意味で、今日においては、公企業の特許と一般の営業許可の差異は大きく相対化するに至っています。

COLUMN

ダンス解禁

　平成27年に風俗営業法（風俗営業等の規制及び業務の適正化等に関する法律）が改正され、規制対象となる風俗営業の定義から「ダンス」の文字が消えました（2条1項）。「えっ、今までダンスって禁止されてたの？」と思われるかもしれませんが、わが国では、男女が密着して踊るダンスは売春の温床になるとして、昭和23年以来、「客にダンスをさせる営業」はそれ自体が警察による取締りの対象となってきました。

　ダンスといってもさまざまであり、バレエは芸術の領域に入りますし、ソーシャルダンスといえば、ウィーン・フィルハーモニー管弦楽団のニューイヤーコンサートでの華麗なワルツが思い浮かびます。運動会でおなじみのフォークダンスには健康的なイメージがある一方、スペインのフラメンコのように激しく美しい踊りもありますし、中東のベリーダンスになると妖艶な感じが漂います。日本固有のものとしては盆踊りとか日本舞踊もありますが、近年流行っていた「パラパラ」と呼ばれる踊りは、六本木などの「クラブ」を中心に（発音に注意。「銀座のクラブ」「ナイトクラブ」とは異なる）、ミラーボールが輝く薄暗いホールでビートに合わせて体を動かすというダンスで、ひたすら体力を消耗しそうです。

　わが国では、従来、キャバレー（ダンスと飲食と接待がセット）、ナイトクラブ（ダンスと飲食がセット）、ダンスホール（ダンスのみ）が「風俗営業」として許可制の下に置かれていました。しかし、用語はいかにも古めかしく、規制の発想は「昭和レトロ」そのもの、ダンスを「淫靡でけしからんもの」と捉えているといわざるを得ません。今般の法律改正により、今後は、雰囲気の良いレストランで食事をした恋人同士が、ほろ酔い気分で仲良くダンスをするとか、大人はビール、子どもはジュースを飲みながら、皆でわいわいダンスをするとか、そうした楽しみが増えることになりそうです。

3　公定力

◆**違法なのに有効？**

　行政行為には、一般の法律行為にはみられない「特別な効力」が認められています。その代表的なものが「公定力」です。「法律による行政の原理」に忠実に考えれば、行政の行為に違法があれば、その行為は当然に無効になるはずです。ところが、行政行為の場合、違法があっても直ちに無効とはならず、一定の手続を経ない限り有効なものとして扱われる、とされています。公定力は行政行為の特権の最たるもの、と位置づけられてきました。

　たとえば、Aさんという人が、税務署から100万円の課税処分を受けたとします。しかし、Aさんにしてみると、100万円の課税処分を受けるような収入を得た覚えがないので、この課税処分は間違ったものであり、違法であると考えています。そのような場合、Aさんとしては、違法な課税処分に従う理由はありませんから、課税処分は無効であると主張して納税を拒否したいと思うのですが、それは許されません。課税処分がなされた以上、Aさんは、課税処分がいったん有効であることを前提として、100万円を納税しなければなりません。納税をしないまま放置していると、今度は、滞納処分という別の行政処分を受けることになってしまいます。Aさんは、とりあえず100万円を納付した後、払った税金を取戻すために、課税処分に対する「取消訴訟」を提起する必要があります。裁判所において、Aさんの訴えが認められ、課税処分が違法であるとして取り消されてはじめて、Aさんは課税処分が無効であることを主張できるようになるのです。これが、行政処分は取消訴訟によって取り消されるまでは、一応有効なものとして扱われるということの意味です。そして、Aさんがすでに支払った税金分を取戻すには、別途、100万円の不当利得返還請求訴訟を提起しなければなりません。

◆**公定力はなぜ認められるのか**

　さて、Aさんから見ると、課税処分そのものが誤っていたのに、いったんこれに従わなければならないというのは、腑に落ちません。一度お金を払ったうえで、おもむろに取消訴訟を提起し、さらに払ったお金の

返還請求訴訟まで提起しなければならないとは、ちょっと大変すぎるのではないでしょうか。そこで、公定力などという妙な効力をなぜ認める必要があるのか、行政にこのような特権を認める理由はないのではないか、ということが厳しく問われることになります。これが、公定力をめぐる中心的な議論です。

公定力が認められる根拠について、かつては、「行政行為には適法性の推定が働くからである」という説明がなされていました。この見解は、行政は、ときには間違ったことをするかもしれないけれども、一般的にはおおむね正しい処分を行うものであるという、公権力に対する信頼感が背景にあります。だいたい正しいことがなされるであろうという前提が成り立つならば、行政行為には適法性の推定が働くといっても大きな差支えはないし、そうであれば、行政行為は裁判所等で取り消されない限り一応有効と扱ってよいのではないか、という考え方はあり得るでしょう。行政や公務員が素朴に尊敬されていた、古き良き時代の考え方ということができると思います。

◆**取消訴訟の排他的管轄**

しかし、今日ほど国民の間に行政、公務員に対する不信が高まっている時代はありません。行政はおおむね正しい判断をするであろうなどという甘い見方は、とっくにどこかへいってしまいました。私人側と行政側の主張が異なっているとき、論理必然的に行政の主張が正しいという前提は、もはや成り立たなくなっています。

昔のような牧歌的な説明では、今では誰も納得できないので、現代において公定力を肯定するとすれば、いずれにしても、その根拠は法律に求めざるを得ません。そこで、現在、公定力については、取消訴訟を規定する「行政事件訴訟法」という法律の存在そのものに根拠があるという説明がなされるのが、一般的となっています。

取消訴訟は、行政事件訴訟法上認められている訴訟類型の中で最も主要な類型であり、行政行為（行政処分）が違法である場合に、これを裁判所が取り消すというものです（3条2項）。「取消訴訟」という訴訟類型がわざわざ設けられているということは、行政処分に何らかの瑕疵（誤り）があるときには、取消訴訟を利用して瑕疵の是正を図ることを

立法者は予定しているといえます。そうだとすれば、行政処分に瑕疵があるかどうか、換言すれば適法か違法かについて判断してもらいたい者は、取消訴訟を提起すべきであるということになるわけです。このことを裏からいうと、取消訴訟以外の訴訟においては、行政処分の適法性を争うことを法は想定していない、ともいえます。この事理は、「取消訴訟の排他的管轄」と表現されています。

◆**実質的理由は？**

　公定力に関する一般的な説明は、以上のとおりです。何となく、納得されたでしょうか。何かごまかされているような感じはありませんか。

　「何だか変。」と感じられた方、その感覚は正しいと思います。実は、この公定力についての説明は、「行政行為に公定力が認められるのは、法律上取消訴訟が設けられているからである」という、ごく形式的な説明にとどまっています。つまり、より踏み込んで、それでは、なぜこのような制度が設けられているのかという、実質的理由は何ら示されていないのです。「法律による行政の原理」という大原則からすれば、違法な行政行為は無効であるに決まっています。違法な行政行為が「有効」であるとして、そのまま世間で通用するようでは困るのです。「だって、法律があるんだから仕方ないじゃない」というのでは、まったく不十分という他はありません。

　さて、「取消訴訟の排他的管轄」という説明では足りないということは、論者の方もよくわかっています。「わかっちゃいるけどうまく説明できない」というのが実際のところなのです。そこで、紛争の合理的解決に資するとか、法治主義の維持に便宜であるなどの理由があげられたりしますが、残念ながら決め手にはなりません。現在の学説は、公定力を積極的に論証することもできず、だからといって、公定力は存在しないと断言するのも躊躇されるという、中途半端な状況にあり、そこから脱することができないでいます。いい知恵があったら是非教えていただきたいと思います。

◆**ヒント**

　ただ、先の税金の事例については、次のようなことがいえると思います。仮に課税処分に公定力がないとして、Ａさんのように処分は違法

であると考える人が、皆、納税を拒否するようなことになったらどうでしょうか。これは大変な事態です。税金を喜んで納める人は基本的にいませんから、全国津々浦々で、税務署の処分に疑義があるという理由で税金の支払いを免れようとする人が、たくさん出てくることになるでしょう。税金は国家の基盤そのものですから、これでは国家は崩壊してしまいます。

　そういう観点から考えてみると、課税処分に少々瑕疵があっても一応有効と取扱うことにし、そのうえで、どうしてもおかしいと考える者には裁判で争ってもらうという現在の制度は、国家の円滑な運営という観点からみると、なかなか便利な仕掛けです。課税処分にとりあえず従って払わなければならないという仕組み、これを支える公定力という理論の醍醐味は、このあたりにありそうです。国家にとって都合よく制度が作られている分、国民の側は負担を強いられることになりますが、国民の側も、裁判という手間をかければ、誤った課税処分を違法とする道は開かれているので、「法律による行政の原理」は辛うじて維持されています。こうして、取消訴訟という制度にはそれなりの合理性があることは否定できないように思われます。読者の皆さんには、税金をとられる立場だけでなく、自分が国を運営する立場にいると仮定して（たとえば、内閣総理大臣や財務大臣）、そのような立場からみた場合に、円滑に動く租税制度とはどういうものかを考えていただきたいのです。そうすると、行政法の世界が少し見えてくると思います。法制度の構想にあたっては、複眼的なものの見方がとても重要な所以です。

◆**不可争力**

　行政行為の効力として、公定力の他にも、不可争力、執行力、不可変更力ないし実質的確定力が語られています。このうち、公定力と密接に関係しているのは不可争力です。

　不可争力とは、一定期間を経過すると、私人の側から行政行為の効力を争うことができなくなる効力をいいます。行訴法14条1項は、処分等のあったことを知った日から6ヶ月以内に訴訟を提起しなければならないと規定しています。これを出訴期間といい、出訴期間が過ぎると、それ以後は裁判所に出訴することができなくなります。つまり、出訴期間

が設けられている結果、争うことができなくなるという効果が発生しますが、これを不可争力と呼んでいます。出訴期間が6ヶ月と短いのは、行政上の法律関係を早期に安定させるという趣旨に基づいています。

仮に行政行為に瑕疵があっても、出訴期間が経過して裁判で争えなくなると、行政行為は瑕疵があるまま有効なものとして確定することになります。これは、行政行為が違法であるが有効であるということと同義ですから、公定力が生ずるということでもあります。このように考えると、不可争力と公定力の間には密接な関係があることがわかります。

COLUMN

空の自由

人は、誰しも、「大空を飛ぶ鳥のように、自由に生きてみたい」なんて、一度は思ったりするのですが、法律的にみると、実のところ、空ほど厳しく規制され、自由のない空間はないといって過言ではありません。

確かに、河川敷で凧揚げをしたり、風船を飛ばしたりする程度のことであれば、地上における規制がない限り（たとえば、都市公園では管理規則で凧揚げなどは禁止されているのが通例です）、比較的自由にすることができます。しかしながら、平成27年に航空法が改正され、ドローンやラジコン機などの無人航空機を念頭に、空港やヘリポート等の周辺の上空、地表または水面から150メートル以上の高さの空域は、航空機の航行の安全に影響を及ぼすおそれがある空域として、また、人口集中地区の上空は、いずれも国土交通大臣の許可がないと飛行は許されないことになりました。

そこで、何かを飛ばすのではなく、自分が航空機に乗ってしまえば、一定の高度以上は好きなように飛んでよいかというと、国内線、国際線とも、航空機が通ってよい「航路」はあらかじめ厳しく決められており、航路をはずれて飛んだりしようものなら、飛行機同士が衝突する危険があるだけでなく、国境を越えると「領空侵犯」として他国から問答無用で撃墜されてしまうおそれすらあります。空は、ある意味で各国の軍事的意味あいの強い空間であり、空のルールを破ると大変なことになります。

そして、どんどん高度を上げていくと、ついには地球の大気圏を超えて宇宙

空間に入っていきます。慣習上、地表から100キロメートルを超えた地点をもって宇宙空間であるとされていますが、宇宙空間はもはや地球に属さない空間なので、今度こそ好きなように宇宙遊泳できるのかというと、そうもいきません。

「宇宙条約」（月その他の天体を含む宇宙空間の探査及び利用における国家活動を律する原則に関する条約）があるため、少なくとも地球各国は、好き勝手をしないよう規定が設けられています。また、今日では各国が競って人工衛星、ロケットを飛ばし、宇宙ステーションも設けられており、法が希薄な分、ギラギラした危険と隣り合わせにあるといえます。

第8章 行政裁量

POINT

① 行政裁量には良い面と悪い面がある。法律による行政の原理の下で、行政を法律でほどよく縛り、裁判所による事後的チェックを有効に機能させることが重要である。
② 行政裁量は、行政による判断の段階ごとに検討される（ステージ論）。
③ 現代行政においては、行政が権限を行使しない不作為が問題となっている。伝統的な行政便宜主義の考え方を克服する必要がある。
④ 裁判所による裁量統制には、古典的な基準による審査、判断過程審査、手続的審査がある。

★キーワード
要件裁量と効果裁量、行政便宜主義、三面関係、司法警察と行政警察、裁量権の逸脱・濫用、判断過程審査、他事考慮

1 法律による行政の原理との関係

◆行政裁量の良い面と悪い面

　法律が、行政庁に一定の自由を認めている場合に、行政庁に「行政裁量」があるといいます。裁量というと、行政が好き勝手なことができてしまうかのようなイメージがあり、最近はすっかり悪者扱いです。しかし、本来の裁量は、そのようないいかげんなものではありません。

　「法律による行政の原理」を最もシンプルに考えると、行政のなすべきすべての事柄について、あらかじめ法律で定めておくことができれば、それが理想ではないかと思われるかもしれません。しかし、ありとあらゆることを事前に予測し、想定されるすべてのことを法律で細かく規定するなどということは、実際問題として不可能です。また、仮に、それが可能であったとしても、法律であまりにも細かい規定を設けてしまうと、今度は法律を執行する行政活動が限りなく杓子定規になってし

まいます。行政を法律で縛りすぎると、緊急時に臨機応変に対応したり、柔軟な措置を講ずることができなくなり、行政が硬直化してしまう弊害が生じます。融通が利かない仕事ぶりを「お役所仕事」といって批判しますが、法律で行政をがんじがらめに縛ってしまうと、国民にとってかえって不都合なことも多いのです。

　そこで、法律で行政を縛るとしても、「ほどよく縛っておく」のが好ましい、ということになります。法律が、行政に対してある程度自由な活動の余地（裁量）を認め、案件ごとに、その特質に応じた柔軟で適切な対応ができるようにしておくことは理に適っています。行政裁量は、行政の恣意的な活動の温床となってしまうと、とんでもないことになりますが、弊害をコントロールしつつ、これを上手に使いこなすことができれば、行政に合目的的な活動を行わせることを可能にし、国民にとってより良い行政を実現することにつながります。行政裁量というのは、ハサミと一緒で、「使いよう」なのです。

◆ **裁量の事後的チェック**

　行政裁量をある程度認めるということになると、直ちにその事後的なチェックのあり方が問題となります。行政権力は本質的に濫用される危険があるというのが、人類の歴史の教えるところですから、「まあ、大丈夫だろう」といった油断は禁物です。行政裁量を認めただけで、適切にチェックしないままにしておくと、早晩、行政のやりたい放題になってしまいます。

　そこで、行政裁量を認めるにあたっては、同時に、これを有効に統制するシステムを用意しておかなければなりません。これは、絶対はずせないポイントです。このような仕組みとしては、行政不服審査という行政上の手続と裁判所に訴えるという司法上の手続が用意されています。しかし、いずれも有効に機能しているとはいえません。とくに、裁判所による裁量コントロールは、「法律による行政の原理」を最終的に担保するために非常に重要なものですが、残念ながら裁判所が十分な役割を果たしているとはいいがたい状況にあります。この状況は、「行政訴訟の機能不全」といわれます。裁判所による有効な裁量審査のあり方という問題については、先の司法制度改革ではほとんど踏み込むことができ

ず、今日まで課題として残されたままになっています（➡第4章）。
　このような問題があることを意識したうえで、まず、行政裁量とはどういうものかということから、説明を始めましょう。

2　行政裁量はどのような場合に認められるか

◆裁量の有無は法律の解釈によって決まる

　行政に裁量を認めるかどうかを決めるのは、立法者です。法律に根拠がない限り、行政裁量は認められません。ただ、法律を見ても、「○○の場合に、行政裁量を認める」というようにダイレクトに書かれているわけではないので、ある規定が裁量を認めているのか、認めているとしてどのような裁量を認めているのかについては、法律を解釈するという作業が必要となります。
　行政権限について定める法律の規定は、「○○である場合には、○○することができる」、あるいは「○○である場合には、○○しなければならない」といった書き方になっているのが通常です。こうした規定には、権限発動のための「要件」を定め、要件が充足された場合にはどうすべきかという「効果」を定める、という構造がみてとれます。

◆要件裁量と効果裁量

　法律の規定は、権限発動の「要件」を定める部分と、権限発動の仕方を定める「効果」に関する部分を区別することができます。要件の認定部分について行政裁量が認められる場合、「要件裁量」があるといい、効果の部分について行政裁量が認められる場合、「効果裁量」があるといいます。この2つの裁量については、古くから議論があります。
　要件裁量は、「○○である場合」にあたるかどうかについて、行政にある程度自由な判断が許されていると解釈できる場合に認められます。たとえば、国家公務員法上、公務員は「非行」にあたる行為をすると懲戒処分の対象になりますが、「非行」という概念はいかにも抽象的です。「非行」という概念がどのようなもので、具体的にどのような行為が「非行」に該当すると判断するかという、法律要件の解釈と具体的なあてはめには、裁量を認める余地があります。
　これに対して、効果裁量はもっとわかりやすいものです。法律の規定

が「○○しなければならない」とされている場合には、裁量は認められず、「○○することができる」と規定されている場合には、行政に権限を発動するかどうかについて裁量が認められると考えられています。

◆**昔の裁量論と最近の裁量論**

　かつては、行政裁量といえるのは要件裁量だけであるという学説と、反対に、行政裁量といえるのは効果裁量だけであるという学説が鋭く対立し、いずれの説も、行政裁量は要件部分と効果部分のいずれか一方にしか認められないという前提に立っていました。しかし、現在では、学説・判例とも、行政裁量には要件裁量と効果裁量の両方があり得る、ということで一致しています。行政裁量が認められるかどうかは、法律の規定の仕方によって変わってくるのですから、要件部分に裁量が認められることもあるし、効果の部分に裁量が認められる場合もある、と考えられます。

　最近では、裁量に関する議論はさらに詳しいものになっています。行政裁量は、要件と効果の２つの段階に限らず、行政の判断過程全般について認められるという議論がなされます。現在では、行政庁の判断過程は、①事実認定、②法律要件の解釈・あてはめ、③手続の選択、④行為の選択、に区分することができるので、各段階（ステージ）ごとに裁量の有無が論じられています。

〈行政庁の判断過程〉
① 事実認定
② 法律要件の解釈・あてはめ
③ 手続の選択
④ 行為の選択

◆**ステージ論**

　Ａが、ある日、スピード違反をしたため、都道府県公安委員会から自動車運転免許の取消処分を受けるというケースを考えてみます。道路交通法では、最高速度が指定されている道路において、車両は最高速度を超える速度で進行してはならないとされています（22条１項）。この

規定に違反した場合には、都道府県公安委員会は、免許の取消ないし停止処分をすることができます（103条1項5号）。ここで、法律には「できる」と規定されているので、都道府県公安委員会には免許の取消処分をするかどうかについて効果裁量がある、ということはすぐにわかります。しかし、都道府県公安委員会の判断過程を詳しくみていくと、それ以外にも裁量が認められる場合がありそうです。

①事実認定の段階

　都道府県公安委員会は、まず、スピード違反の事実を認定する必要があります。Aが時速何キロメートルで走行していたかは、免許の取消処分を行う前提となる事実として、確定しておかなければなりません。時間と場所を正確に特定したうえで、Aが法定速度60キロメートルの道路で、たとえば時速100キロメートルのスピードで走行していたという事実を認定します。ここで、スピード違反があったかどうかという単純な事実は、あったか、なかったかのどちらかに決まっていて、あったともいえるし、なかったともいえるというように、その中間はあり得ません。したがって、事実認定の段階においては行政裁量を認める余地はないということになりそうです。ただ、最先端の技術水準を踏まえて事実認定をしなければならない場合など、事案によっては微妙な判断が要求されることがないとはいえません。

②法律要件の解釈・あてはめの段階（要件裁量）

　Aが時速100キロメートルで走行していた事実が認定されると、次に、それが道路交通法の具体的な規定に違反するかどうかという判断がなされます。この場合、法定速度は数字で明確に定められており、解釈の余地はありません。Aの行為が道路交通法22条1項違反にあたるという判断について、要件裁量は認められないということができます。要件裁量が認められるのは、法律要件が抽象的で、そのために解釈の余地があるような場合に限られます。

　なお、要件裁量の内容は、①法律要件が文言としてどのように解釈されるかという法解釈レベルの問題と、②それを認定された事実にあてはめて違法か適法かを判断するというあてはめレベルの問題の、2段階から成り立っています。この作業は、必ずしも明確に区分けできるとは限

らないので、一括して要件裁量として議論がなされます。
③手続の選択の段階

　Aの行為が違法であるという判断がなされると、今度はそれを前提としてAに対して何らかの行政処分を行うことが検討されます。処分を行うのは都道府県公安委員会ですが、都道府県公安委員会はいきなり処分を行うのではなく、処分をする前に、Aに対してどのような処分をするのかを告知したうえ、Aの言い分（反論）を聴くことが法律上要求されています。この手続を「聴聞（ちょうもん）」といい、適正手続の観点から、こうした手順が踏まれます。道路交通法は、都道府県公安委員会が、免許の取消処分または停止処分を行おうとする場合、「公開による意見の聴取」をすることが必要であると定めています（104条1項）。もっとも、都道府県公安委員会が「意見の聴取」をするにあたり、どの程度の時間を割いてAの反論を聴くかなど、具体的にどのような手続をとるかについては一定の裁量が認められます。これが、手続の選択の段階における裁量といわれるものです。

④行為の選択の段階（効果裁量）

　Aに対する意見聴取という手順を踏んだうえで、都道府県公安委員会は、最終的に、Aのスピード違反行為について処分をするかどうかを決定します。この段階において効果裁量が認められることは明らかですが、効果裁量はさらに2段階に分けて議論されています。すなわち、第1に、違反行為に対して免許を取消すか、免許の停止にとどめるかという、どの程度の処分をするのが適当かに関わる判断と、第2に、ある処分を適当と判断したとして、現実にその処分を行うかどうかに関わる判断が区別されます。

　まず、スピード違反の程度が高い場合には、免許取消処分が相当と判断されることになります（行為の選択の第1段階）。

　そして、免許取消処分が相当と判断された場合であっても、具体的な状況の下で、都道府県公安委員会は現実に取消処分をすべきかどうかを最終的に決定しなければなりません。この段階では、Aの反省の程度など人物評価の要素や社会的影響等を含めて、総合的に判断することになります（行為の選択の第2段階）。なお、道路交通行政の実務におい

てはほぼ機械的に処分が行われており、違反があるのに諸般の事情を考えて処分をしないということはほとんどありませんので、ご注意ください。

⑤時の裁量？

以上に加えて、いつ処分をするかについての裁量（時の裁量）を観念できるのではないか、という問題提起がなされています。この問題は、効果裁量の中で判断することができるので、それで十分だと考えれば、とくに「時の裁量」として切り出す必要はありません。他方で、「時の裁量」として独立して考えたほうがわかりやすいと判断するなら、弊害があるわけではないので、これを認める見解も成り立ちます。実益のある議論ではないので、どちらでも構わないでしょう。

3　行政の不作為

◆行政便宜主義

行政裁量をめぐる議論の中で、現代においてとくに重要性を増しているのが「行政の不作為」の問題です。

行政の不作為とは、法律上の要件を充足したにもかかわらず、行政庁が規制権限を行使しないことをいいます。行政裁量のひとつとして「効果裁量」が認められていることから、権限を行使するかどうかは、基本的に行政庁の判断に委ねられています（行為の選択の第2段階）。権限を行使してもいいし、権限を行使しなくてもいい、どちらでも構わないという意味で、このような考え方を「行政便宜主義」といいます。

◆二面関係

従来、行政庁が規制権限を行使しないこと（不作為）が問題視されることは、あまりありませんでした。それは、規制される側の私人にとってみると、行政が規制権限を発動するということは自分の権利自由が制約されることに他ならず、そのため、理由は何であれ、行政上の権限が行使されないということは、当該私人にとって都合が良いと考えられたことによります。法律上の要件を満たしたら、必ず行政権限が発動されるということになれば、私人の側としては、厳しい緊張状態に置かれることになります。この緊張状態をゆるめるという意味で、行政便宜主義

は私人にとっても好都合だったのです。

先の運転免許取消の例についていえば、スピード違反をした運転者からすると、免許は取消されないほうがいいに決まっています。都道府県公安委員会が、スピード違反の事実があるにもかかわらず、運転免許についての取消権限を行使しないという不作為を、運転者自身が問題視することはありません。

しかし、これは、あくまで運転者との関係でのみ妥当します。行政と私人の関係を、もっぱら規制権限を持つ行政庁と規制される相手方という「二面関係」だけで捉えると、行政便宜主義は自由主義的な考え方として、好ましいといえるのです。

◆三面関係

しかしながら、同じ事案を一般の歩行者からみれば、大幅なスピード違反を犯すような悪質ドライバーが、免許を取り上げられることもなく、公道を猛スピードで走り続けるようなことは、とても許容できるものではありません。

都道府県公安委員会が、本来ならば免許の取消処分を行うことができたにもかかわらず、これをせず、その結果、悪質ドライバーが運転を続け、ある日重大なひき逃げ事故を起こしたとしたら、どうでしょうか。もちろん、一番悪いのはドライバーですが、免許取消という権限行使を怠った都道府県公安委員会にも責任があります。

このように、私人について、規制を受ける相手方だけではなく、行政の権限行使により守られる第三者も視野に入れ、行政と私人の関係を「三面関係」で考えると、不作為の問題は、全く異なる様相を呈します。行政が規制権限を適切に行使することによって、第三者の利益が守られ

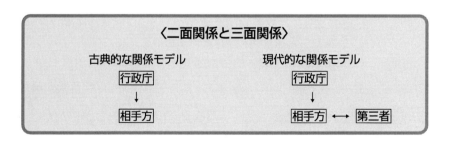

るという関係があるため、権限を行使してもいいし、しなくてもよいという行政便宜主義の考え方は、怠慢行政に口実を与え、不作為を正当化する道具になってしまいます。

◆現代行政の課題

行政の不作為が問題となる典型的なものとして、薬害事件があります。ある医薬品に非常に強い副作用があることが判明したとします。このような場合、厚生労働大臣が医薬品を取扱う事業者に対して回収命令を出すなどの規制権限を発動せず、事態を放置したとすれば、その薬品を摂取した患者は重大な疾病に罹患してしまうことになります。一般に、薬というものは多かれ少なかれ副作用を伴いますから、副作用があるというだけでその薬を直ちに回収すべきだということにはなりません。しかし、薬の効能に比べて、その副作用が深刻で取返しがつかないほど重大であることが明らかになった場合には、ある時点で、薬事行政を担う厚生労働大臣が適切な対応をとるのは当然のことです。いつまでも規制権限を行使しないとすれば、やがて大変な事態を招くことになってしまいます。

このように、現代では、規制権限の不行使が結果として一般市民に重大な不利益を与える事態がしばしば起きています。権限発動に必要な要件を満たしているにもかかわらず、行政が権限を発動しないということは、行政の怠慢といわなければなりません。

利害関係の錯綜する現代行政においては、二面関係ではなく、規制権限行使の結果として利益を得る第三者（一般人の利益、公益と言い換えてもいいでしょう）のことも念頭に、三面関係で考える必要があります。その際、理論的な障害となる行政便宜主義の考え方を克服しないと、行政の不作為という問題を解決することはできません。最高裁においても、行政の不作為を違法とし、結論として国家賠償責任を認める判決が出されています（最判平16・4・27民集58巻4号1032頁、最判平16・10・15民集58巻7号1802頁、最判平26・10・9民集68巻8号799頁）。

COLUMN
ストーカー規制法と適時・適切な権限行使

　ストーカー規制法（ストーカー行為等の規制等に関する法律）は、平成12年に制定されました。これは、ストーカー行為をする者に対して警察が警告、禁止命令などを出すことを認めるものです。刑法上の犯罪が行われた場合には、裁判官の令状を得て逮捕、拘留がなされますが、このような警察の活動を「司法警察」といいます。ストーカー規制法は、刑法上の犯罪行為がなされる前に、警察が行政上の措置を行うことができるようにするもので、このような作用を「行政警察」といいます。

　ストーカー行為とは、つきまとい、待ち伏せ、無言電話などの行為を反復することを指します。このような行為は、それ自体は、日常的でたわいのないものなので、つい、「もう少し様子を見てみましょう」などといって放置してしまいがちなのですが、ストーカーの特徴は、次第に行動がエスカレートし、相手の家に忍び込んだり、相手を殺傷するなど重大犯罪に発展する危険性を内包しているところにあります。そこで、ストーカー事案では、早い段階において警察が適切な対応をとることで、重大犯罪への発展を未然に防止することが求められるのです。

　行政権限を実際に発動することは、警察に限らず、行政にとって相当の負担を伴います。人手も必要ですし、間違いがあってはならないので、法執行の担当者は大変神経を使います。警告くらいなら、簡単に出せるのではないかと思われるかもしれませんが、実際には相当の準備をする必要がありますし、現に警告を受けた者は強く反発するでしょうから、油断は禁物です。

　担当者にしてみれば、権限を行使することなく事態が好転してくれれば、それが一番ラクですし、心理的にも肉体的にも疲れません。失敗すれば、責任問題だって生じます。行政が事態の推移を見ている間に、重大な事件が起きてしまうようなことが少なくないのは、そうした構造的な問題があるからです。しかし、重大犯罪が起きてからでは遅すぎるということでストーカー規制法は制定されたのですから、この法律上の権限については、とりわけタイミングを逸することのないよう、権限が適時・適切に行使されることが期待されます。ストーカー事案では、不作為の代償は高くつくことを肝に銘ずる必要があります。

　なお、ストーカー規制法は平成25年に改正され、電話、ファクシミリに加えて、メールを繰り返し送る行為も、つきまとい等に含まれることとされました（2条1項5号）。

4　裁量統制

◆**裁量に対する司法審査は限定される**

以上見たように、行政庁はさまざまな段階で裁量権を行使します。「法律による行政の原理」により、裁量行為についても、裁判所には事後的に適法・違法の判断が求められます。ただ、行政裁量が認められると、その範囲では行政の判断を尊重しなければならないので、裁量権の行使が当・不当の範囲を超えて、違法となるような場合についてのみ、裁判所は判断をするものとされます。

そこで、どのような場合に裁量権の行使が違法になるのかが問題になります。この点、行政事件訴訟法30条は、「裁量権の逸脱・濫用」があった場合に限り、裁判所が行政庁の裁量処分を取り消すことができると規定しています。つまり、「裁量権の逸脱・濫用」があった場合に、裁量権の行使は違法となり、裁判所の審査に服するということになります。

〈裁判所の審査が及ぶ範囲〉

行政裁量がない場合 ⇨ 全面的に審査する
行政裁量がある場合 ⇨ 裁量権の逸脱・濫用があるかどうかを審査する
　　　　　　　　　　（裁量権行使の当・不当は審査しない）

◆**裁量権の逸脱・濫用**

ここで、裁量権の逸脱と濫用という用語について、少し説明しておきましょう。

裁量権は、あくまでも法律が行政の判断を尊重するのが適切であるとした範囲内で認められるものです。裁量権の逸脱とは、法が認めた裁量の範囲を超えて行政が活動した場合をいいます。これに対して、裁量権の濫用とは、外見上は裁量の範囲内で行われたように見える行政の活動が、事実関係を仔細に検討すると、実は法が想定していない動機、目的の下に行われている場合をいいます（たとえば、個人的な嫌がらせ目的で不許可処分をするような場合）。裁量権の逸脱とは客観的に裁量の範囲を超えること、裁量権の濫用とは主観的に法をないがしろにする脱法

行為、と理解すればよいでしょう。
　このように、裁量権の逸脱と濫用は、観念的には一応区別することが可能です。しかし、現実の事案では、どちらにあたるのか必ずしもはっきりしないことが少なくありません。そこで、現在では、裁量権の行使が違法になる場合を一括して指している、と理解しておけば十分です。両者を厳格に区別する実益はほとんどないので、典型的な場合は別として、その違いについては、あまり気にする必要はありません。

◆**裁量権の行使が違法になる場合の判断方法**
　それでは、どのような場合に裁量権の逸脱・濫用があったと判断すればよいのでしょうか。これまでの判例を分析すると、その判断方法について、古典的なもの、判断過程に着目するもの、手続面をとくに重視するものというように、大きく分けると3つのパターンがあります。

〈裁量審査の方法〉
(1) 古典的な基準による審査
(2) 判断過程審査
(3) 手続的審査

⑴　**古典的な基準による審査**
　裁量権の逸脱・濫用があるとされる古典的なパターンとしては、事実誤認、目的・動機違反、信義則違反、平等原則違反、比例原則違反などがあります。ここでは事実誤認と目的・動機違反について説明します。
①**事実誤認**
◆**裁量判断の前提としての事実認定**
　正しい行政行為は、正しい事実認定を前提にしています。そのため、事実認定が誤っていれば、それを前提とした裁量判断が違法になるのは当然です。たとえば、公務員に対する懲戒免職処分は、任免権者に一定の裁量が認められる処分ですが、ある公務員に対して万引をしたという理由で懲戒免職処分がなされたものの、後日、万引をしたのは別の公務員であったという事実が判明した場合、明らかな事実誤認があります。

懲戒免職処分は事実誤認に基づく処分として、裁量権の逸脱・濫用があり、違法ということになりますから、裁判所においてこの処分は取り消されなければなりません。

②目的・動機違反

◆権限濫用の典型例

　目的・動機違反の類型は、外見的には適法な行政行為が行われているように見えるものの、事案を具体的に検討すると、実際には法律が予定していない動機、違法な目的を持って裁量権の行使がなされている場合です。たとえば、Ａがレストランの営業許可を申請し、施設が不衛生であるという理由で不許可処分がなされたとします。しかし、よく調べてみると、施設は衛生面でとくに問題はなく、もっぱらＡに対する嫌がらせで不許可処分をした、といった事案です。このように、権限行使にあたって違法な動機が隠されている場合が、「権限濫用」の典型的なケースです。

◆個室付浴場事件

　有名な事例として、個室付浴場事件（最判昭53・6・16刑集32巻4号605頁）があります。これは、ある業者が山形県余目町（当時。現・庄内町）というところに個室付公衆浴場（いわゆるソープランドのことで、風俗営業にあたります）を作り、営業しようとしたところ、地元で住民の反対運動が起きたことから、山形県と余目町が結託して、その営業を阻止するために行政処分を行ったという事件です。児童が遊ぶための公園を児童遊園といい、事件当時の児童福祉法では、児童福祉施設のひとつとされ、都道府県知事が設置認可処分をしてはじめて正式の児童遊園として認められる仕組みになっていました。児童遊園は、小さい子どもが遊ぶ場所ですから、まわりにネオンギラギラの風俗営業があったりすると不都合です。そこで、風俗営業法（風俗営業等の規制及び業務の適正化等に関する法律）という別の法律により、児童遊園から200メートル以内では風俗営業は禁止されていました。

　山形県と余目町は、この距離規定に着目します。ソープランドの営業を阻止するため、町は個室付公衆浴場の近くにあった町有地に、急遽、児童遊園を整備することとして申請を行い、県知事は申請からわずか6

日後に設置認可処分を行いました。そのため、この業者は適法な営業ができなくなってしまったのです（もっとも、この業者は営業を敢行し、

COLUMN
裁判所の裁量審査はどうあるべきか

　マクリーン事件という有名な事件があります（最大判昭53・10・4民集32巻7号1223頁）。これは、外国人の人権が問題となった憲法判例としてだけでなく、行政裁量に関する判例としても重要です。

　外国人が一時的な旅行ではなく、日本に一定期間滞在して生活をする場合、入管法（出入国管理及び難民認定法）に基づいて、法務大臣から「在留期間の更新」を受けなければなりません。法務大臣は、外国人から申請があった場合には、「在留期間の更新を適当と認めるに足りる相当の理由」があるときに限り、これを許可することができるとされています（21条3項）。この条文は文言が抽象的であり、法務大臣の要件裁量が問題になります。

　マクリーンさんは在留期間の更新が許可されなかったため、訴訟を提起しました。裁判では、更新を許可しなかった法務大臣の裁量がどのようなもので、裁判所はどこまで踏み込んだ判断ができるかが問題となりました。最高裁は、出入国管理行政の責任を負う法務大臣の裁量権が広範なものであることを強調し、法務大臣の判断について裁判所が審理するのは、「その判断の基礎とされた重要な事実に誤認があること等により右判断が全く事実の基礎を欠くかどうか、又は事実に対する評価が明白に合理性を欠くこと等により右判断が社会通念に照らし著しく妥当性を欠くことが明らかであるかどうか」であると述べて、裁判所の裁量審査が厳しく限定されることを判示しました。

　しかし、法務大臣の判断が「全く事実の基礎を欠く」とか、その評価が「著しく妥当性を欠くことが明らか」などということは、通常は考えられません。最高裁の示した基準では裁判所の審査密度が低すぎて、事実上裁判所は法務大臣の裁量審査はしない、というに等しいと言わざるを得ません。これでは裁判所は何のために存在しているのか、わかりません。

　しかし、最近では、裁判所は行政裁量の審査のあり方について、踏み込んだ判断を示すようになっており、判例も少しずつ変わってきているようにも見えます。（➡本章4(2)参照）。

最高裁まで争って勝訴を勝ち取ります。なかなかの剛の者といえます)。
　まちづくりという観点からは、風俗営業の扱いは大きな課題ではあるのですが、ここで問題なのは、行政当局が児童のために児童遊園を作ったのではなく、特定事業者の営業活動を阻止する目的で児童遊園を作ったという点にあります。仮に動機が善意によるものであったとしても、目的は手段を正当化しません。それが「法律による行政の原理」というものです。この事案では、県知事による児童遊園の設置認可処分は、本来児童福祉法が想定するものとは異なる動機に基づいて行われており、法の目的を踏みにじるもので、許されません。そこで、最高裁も、この設置認可処分は行政権の濫用にあたり違法であると判断したのです。

(2) 判断過程審査
◆裁量審査のニューウェーブ
　古典的基準による審査とは別に、行政の判断過程を審査するという手法があります。
　この手法では、どのような場合に「裁量権の逸脱・濫用」となるかという問題に対して、裁判所が裁量処分にいたる行政庁の判断過程に着目し、具体的な事実経過を追いながら、行政庁による判断のあり方が合理的であったかどうかを時系列に沿って検証していきます。この手法は、実効的な裁量審査を可能とする裁量審査のニューウェーブとして期待されています。
　すでに述べたように、法律が行政庁に裁量を認めているということは、行政が裁量権を違法にならない限度で行使している限り、行政庁の判断を信頼して任せるのがよい、という価値決断を立法者がしていることに他なりません。したがって、行政庁の裁量判断の核心部分に裁判所が正面から立ち入り、裁判所がみずから行政庁になりかわって裁量判断を行うようなことは、法律の予定するところではありません。このような判断を「判断代置」といいます。行政に裁量が認められていない場合に、裁判所が判断代置を行うのは「法律による行政の原理」から当然ですが、裁量が認められている場合に、裁判所が踏み込みすぎた判断をすることは、それはそれで法律の趣旨に反します。

そこで、裁判所としては、行政の判断そのものにストレートに立ち入るのではなく、行政の判断過程にスポットをあて、行政庁が合理的な思考を行っているかどうかをチェックする、という審査方法があみ出されます。行政が適切な手順を踏み、必要十分な調査をしたうえで、考慮すべきことを考慮しているか、あるいは考慮してはならないことを考慮していないかを審査し、最終的な処分にいたる思考過程に無理がないと認められるならば、そのような思考過程を経て行われた行政行為は内容的にも正しいであろう、と考えるわけです。判断過程審査は、判断過程にチェックを入れることで、行政行為の実体的な内容の正しさを間接的に担保するという発想に基づいています。

◆裁判例

　判断過程の合理性について、行政庁の他事考慮（考えてはいけないことを考えること）や恣意独断の有無という観点から審査した大変有名な裁判例として、日光太郎杉事件東京高裁判決（東京高判昭48・7・13行集24巻6・7号533頁）があります。この事件は、昭和39年の東京オリンピック開催に合わせて進められた国道拡幅工事によって、土地収用により由緒ある太郎杉が伐採されそうになったことから、日光東照宮が事業認定の取消しを求めて提起した裁判です。

　最高裁の裁判例としては、伊方原発訴訟判決があります（最判平4・10・29民集46巻7号1174頁）。これは、原子炉の安全性に関する行政庁の専門的判断の適否が問題となったケースです。この種の先端的な専門技術的問題について、原子力について精通しているわけではない裁判官が正面から判断するのは、どうにも厳しいところがあります。そこで、最高裁は、原子炉の設置許可処分に対する裁判所の審理・判断は、原子力委員会等の専門技術的な調査審議および判断をもとにしてなされた行政庁の判断に不合理な点があるか否かという観点から行われる、と述べています。

　また、平成16年の行政事件訴訟法改正後の最高裁判決として、小田急高架訴訟本案判決は、都市計画の決定・変更の内容の適否を審査するにあたって、「基礎とされた重要な事実に誤認があること等により重要な事実の基礎を欠くこととなる場合、又は、事実に対する評価が明らかに

合理性を欠くこと、判断の過程において考慮すべき事情を考慮しないこと等によりその内容が社会通念に照らし著しく妥当性を欠くものと認められる場合」に裁量権の逸脱・濫用にあたるとして、ゆるやかな判断過程審査手法をとっています（最判平18・11・2判時1953号3頁）。

(3) **手続的審査**
◆**手続に独自の価値を見出す**
　古典的な基準による審査や判断過程審査は、いずれも、究極的には、行政行為の内容が正しいものであったかどうかに関心を置いています。しかし、行政行為の内容の正しさとは切り離して、行政の手続そのものの適切さを問題にする裁判例があります。これを、前2者と区別して、手続的審査と呼んでいます。
◆**個人タクシー事件最高裁判決**
　個人タクシー事件最高裁判決（最判昭46・10・28民集25巻7号1037頁）は、そのような判断を示した代表的なものです。事件当時、タクシー事業を営むには、道路運送法上の「免許」が必要とされていました（現在は、規制緩和により「許可」とされています）。個人タクシーの事業免許について、多数の応募者があって、そのうちのごく少数の者にしか免許が与えられないという状況の下においては、免許付与の手続そのものが公正に行われなければなりません。不平等な取扱いや恣意的な運用がないよう、行政手続を整える必要があります。最高裁は、この点について、「行政庁としては、事実の認定につき行政庁の独断を疑うことがもつとも認められるような不公正な手続をとつてはならない」と判示しています。この判決には、手続の公正さに独自の価値を見出す考え方を見て取ることができます。この判決で示された考え方は、後に行政手続法が制定されるにあたって、大きな影響を与えることになりました。
　手続的観点からする裁量コントロールの手法も、今後、重要性を増していくと予想されます。

第9章 行政指導

POINT

① 行政指導には、「法律による行政の原理」を実質的に空洞化させてしまう危険性がある。
② 行政手続法は、行政指導を禁じているのではなく、行政指導をする場合の手続を定めている。行政指導を書面化してもらうと、後日紛争になったときの証拠となる。

★キーワード
密室、透明性、受理、書面化要求、建築確認留保、給水拒否

1　行政指導とは何か

◆ギョーセーシドー

　ゲイシャ、フジヤマ、ノーキョーとならんで、ギョーセーシドーは、日本語がそのまま外国でも通じるといわれます（真偽のほどは定かではありません）。行政指導は、日本ならではの独特の行政手法として、他国において認知されていると、まことしやかに語られています。

　これは、もちろん決して良い意味で言われているのではなく、わが国の行政スタイルが、欧米先進諸国とは異質のものであり、前近代的で、閉鎖的で、非合理的であるという文脈に通じています。ギョーセーシドーは、そのシンボルです。法律に明確な根拠もないのに、役人が密室でコソコソと指示を出し、示唆を受けた企業はその気持ちを忖度して、役人が望む種々の行動を自発的にとってあげる。これが日本的行政指導の典型的な構図です。中央省庁等改革のきっかけとなった旧大蔵省の不祥事は、銀行・証券業界と監督官庁である同省の間の不透明な癒着関係を前提に、「あ・うん」の呼吸でさまざまなことが行われていたことに端を発しています。当時、企業側には、同省の英語名称である Ministry of Finance を略して MOF担（モフタンと読みます）と呼ばれる、大蔵官僚

に応対する専属スタッフが置かれていたそうです。

◆**透明化の要請**

　行政指導らしい行政指導というか、行政指導の行政指導たるゆえんは、それが非公式、インフォーマルな活動形式であるという点にあります。その本質は、ズバリ「密室性」です。平成5年に制定された行政手続法は、外圧と経済界の強い要望で作られた法律ですが、その目的は、「行政運営における公正の確保と透明性」の向上を図ることとされています（1条）。透明性とは、「行政上の意思決定について、その内容及び過程が国民にとって明らかであること」と定義されています。行政手続法は、行政の透明性を確保するという観点から、世界ではじめて「行政指導」について規定を設けた法律です。といっても、決してほめられたことではなく、むしろ、わが国では法律を設けなければならないほど、インフォーマルな行政指導が横行していたことの裏返しといえます。

　行政手続法では、行政指導について、「行政機関がその任務又は所掌事務の範囲内において一定の行政目的を実現するため特定の者に一定の作為又は不作為を求める指導、勧告、助言その他の行為であって処分に該当しないもの」（2条6号）と定義しています。ここで一番大事なポイントは、行政指導は「処分に該当しないもの」とされている点です。つまり、法律が認める正規の行為形式は「処分」（行政行為）であり、行政指導は処分ではない、非公式に私人に働きかける事実行為であるということです。行政指導の透明化を図るとは、このような非公式の行政活動を表の世界に引っ張り出し、一定のルールを定めてそれを守らせることであるといっていいでしょう。

◆**「法律による行政の原理」との関係**

　行政指導がインフォーマルな行為形式であるとは、言い換えると、「法が正面から予定していない」ということです。そこで、行政における最も重要な基本原理である「法律による行政の原理」からみた場合、行政指導をどのようなものとして理解し、位置づけたらよいのか、検討する必要があります。

　「法律による行政の原理」は、もともと公権力を行使する典型的な行為形式として、「行政行為」を想定しています。それは、すでに述べた

ように、行政行為が、個人の権利自由を制約しあるいは義務を課すという重大な法的効果を持つものであるため、法律によって厳しく規律しなければならないという考え方に基づいています。これに対して、行政指導は、相手方の任意を前提として、その自発性に基づいて行政目的を達成しようとする行為形式です。行政は相手を粘り強く説得して、特定の行為をさせ、あるいはさせないように働きかけるわけですが、それはあくまでも事実行為として行われます。したがって、相手が行政側の意を汲んで行政からみて好ましい行動をとった場合、それは結局のところ本人の自発性に基づく自由な行為ということになるので、そこには、法的な意味で強制のモメントは存在していないことになります。「同意は害せず」という古い法格言がありますが、相手が同意している以上、その権利は何ら侵害されていない、ということになりそうです。

◆**行政指導の危険性**

しかしながら、現実の行政過程における行政当局と私人の関係を観察するとき、私人は、圧倒的な権力を持つ行政との不均衡、不平等な力関係の中で、しばしば不本意な形で行政指導に従っているという実態があります。行政から見て望ましい状態というのは、多かれ少なかれ、私人にとっては自己の利益を抑えた行動をとることと同義なので、行政指導に喜んで従うという事態は通常は想定できません。本心ではイヤだけれども、「お上」に逆らうのも何だし、ここで逆らって後で仕返しされたりしたらかなわない（長崎の仇を江戸で討たれかねない）ということで、私人はやむを得ず、一種のリスク回避行動として、行政指導に従うという選択をするのです。

このような事態は、「法律による行政の原理」からして決して褒められたものではありません。これでは、公権力の行使から国民の権利自由を守るという同原理の目的が、事実上ないがしろにされる可能性があるからです。行政指導の持つ危険性とは、「私人の自発性」の名の下で法治主義が空洞化してしまうおそれがあることである、といっていいでしょう。こうして、行政指導についても、一定の法的対応をとる必要があるということが、おわかりいただけると思います。

2　行政指導のルール

(1)　一般原則
◆行政手続法32条

　行政手続法第4章は行政指導にあてられ、まず、一般原則が規定されています。32条では、「行政指導にあっては、行政指導に携わる者は、いやしくも当該行政機関の任務又は所掌事務の範囲を逸脱してはならないこと及び行政指導の内容があくまでも相手方の任意の協力によってのみ実現されるものであることに留意しなければならない」（1項）とされています。そして、「行政指導に携わる者は、その相手方が行政指導に従わなかったことを理由として、不利益な取扱いをしてはならない」（2項）と続きます。

　この一般原則は、まことにもっともな内容なのですが、なぜこのような規定がわざわざ設けられているのか、考えてみる必要があります。深読みめいて恐縮ですが、これは行政指導が実態としては、まさに指導に従わなければこの先どんなことがあるかわかりませんよ、という無言の圧力の中で行われるということを示唆しています。だからこそ、このような規定を置く意味があるのです。

　行政指導では、事実上相手方の意思を曲げさせて行政が望ましいと考える行動をとるよう促します。一般に、行政指導に喜んで従うような人は、よほどのお人よしでない限り、まず、いません。みんな、しぶしぶ、いやいや、従います。他方で、行政指導というツールを行政の側からみると、行政が漫然と説得するだけで素直に従ってくれるほど、今の（いや、昔から）市民は甘くありません。行政としても、なだめたり、すかしたり、ときにはちょっとコワイ態度で臨むということも、当然あります。行政官にしてみると、嫌がる相手をいかにしてその気にさせるかは、「腕の見せ所」ともいえるからです。

◆権利侵害の危険度が高い類型

　以上の一般原則に加え、行政手続法は、行政指導の中で、とくに相手方に与えるプレッシャーが大きく、法治主義の観点から規律を設ける必要性が高い2つの類型をあげています。それは、①申請に関連する行政

指導（33条）と、②許認可等の権限に関連する行政指導（34条）です。以下、順番にみていきましょう。

> 〈行政手続法の規定〉
> ① 行政指導についての一般原則（32条）
> ② 危険な行政指導の類型
>   申請に関連する行政指導（33条）
>   許認可等の権限に関連する行政指導（34条）
> ③ 行政指導の方式（35条）
> ④ 複数の者を対象とする行政指導（36条）
> ⑤ 行政指導の中止等の求め（36条の2）
> ⑥ 行政指導の求め（36条の3）

(2) 申請に関連する行政指導
◆窓口指導

　33条は、次のように規定しています。いわく、「申請の取下げ又は内容の変更を求める行政指導にあっては、行政指導に携わる者は、申請者が当該行政指導に従う意思がない旨を表明したにもかかわらず当該行政指導を継続すること等により当該申請者の権利の行使を妨げるようなことをしてはならない」。

　これは、実務において広く行われている「窓口指導」と呼ばれる典型的な行政指導です。行政機関は、申請書を持参した私人に対して、窓口においてさまざまな行政指導をし、指導に従わないと申請書を受け付けない、という対応をします。よく、「受理した」とか「受理しない」といった表現がなされますが、申請者は、申請書を窓口まで持参したけれども、窓口でごちゃごちゃ言われて受け取ってもらえなかったので、やむなく申請書を持って帰る、というパターンです。返戻ともいいます。

　この場合、申請者は、最終的には申請書を自ら持って帰ってしまっているので、法的には「そもそも申請がなかった」と評価されてしまうことになります。もちろん、申請者が本当に納得して、自発的に申請を取

りやめたのであれば、これをとやかく言う理由はありません。しかし、せっかく申請書を持参したのに、行政がなんだかんだ理由をつけて申請書を受け取ろうとせず、「何か変だ」と思いながら根負けして帰ってきてしまったような場合には、問題があります。

◆窓口指導が多用された背景事情

このタイプの行政指導は、地方分権化がなされる以前、地方公共団体においてよく見られました。大都市近郊地域に位置する地方公共団体では、デベロッパーによる無秩序な乱開発が深刻な問題となっていましたが、乱開発に対抗するための法的権限を地方公共団体は有していなかったため、多くの地方公共団体は、行政指導によって何とかこうした事態に対抗しようと、さまざまな工夫をこらしたのです。申請書を受理しないというやり方は、そうした工夫のひとつです。すなわち、開発業者が、大規模な高層マンション建設を企図して、建築確認を申請し、あるいは、開発許可の申請をしてきた機会を捉えて、申請書を直ちには受け取らないという方法で、行政指導を行ったのです。

行政指導の内容は、住環境の急激な変化や近隣トラブルを未然に防ぐという観点から、高層マンションの計画階数を減らすよう要請したり、負担金の拠出を要求したり、近隣住民と話し合いの機会を持つよう促すものでした。申請書の受付をいわば「人質」にとることで、効果的な行政指導を行おうという、権限を持たない地方公共団体による苦肉の策だったといえるでしょう。

◆窓口指導の理不尽さ

窓口指導は、しばしばきわめて強い威力を発揮しました。しかし、それは法治国家における行政のあり方としては、はなはだ問題があります。行政庁が、申請書を受け取ったうえで処分しないというのであれば、行政事件訴訟法により不作為の違法確認訴訟（3条5項）や義務付け訴訟（3条6項2号）で、争うことが可能です。しかし、これらの訴訟では「法令に基づく申請」がなされたことが前提になっています。窓口指導では、申請書を任意に持ち帰らせているので、法的には申請はなされていないという状態にあり、そのため、これらの救済手段を使うことができません。これでは、違法な行政指導が行われても、これを争う

方法がないのですから、法治国家として致命的な欠陥があるといわなければなりません。

　もっとも、困ったときの国家賠償ということで、違法な行政指導により損害を被ったとして、国家賠償法1条に基づく損害賠償請求をするオプションは辛うじて残されています。とはいえ、行政指導に従うかどうかは任意なので、「行政指導のせいで損害を被った」と主張してみたところで、行政指導と損害との間に「因果関係」は認められないのが通常です。「一体、何でこんな目に！」と嘆いても、それは行政指導に従った自分自身が悪いから、ということになってしまうのです。行政指導は、本当に嫌なら従わなくていい、それが原点です。

◆行政手続法という処方箋

　行政指導では、相手方は任意に従っているというフィクションがとられるため、現実に問題のある行政指導がなされて私人が被害を被ることがあっても、問題が潜在化してしまい、裁判的救済が与えられないケースが少なくありません。このような状況が、法治主義の観点からみて深刻な問題であることは、いうまでもありません。

　そこで、行政手続法は、この類型の行政指導について、申請者が行政指導に従う意思がない旨を表明した以上は行政指導を継続してはならないことを明示しています（33条）。さらに、申請について「到達主義」を採用し、行政庁は、申請がその事務所に到達したときは遅滞なく当該申請の審査を開始しなければならないとされています（7条）。つまり、法律上は、申請書が行政当局に事実として到達したことを客観的に証明できれば、そのときから行政には処分のための審査をスタートさせる義務があり、提出された申請書を「受理」しないで申請者に書類を戻す、という行政指導はもはや許されないものとなっているのです。

　行政指導にはもう従わないと腹をくくってしまうと、申請書が到達したことを立証するのは比較的簡単です。最も簡便な方法は、申請書を配達証明付内容証明で郵送してしまうことです。そして、役所に申請書が到達してしまえば、それ以後行政指導をすることは違法となります。私人の立場からみると、このような対応をとることで、少なくとも一切の裁判的救済がないという最悪の状況は、回避することが可能になったわ

けです。従来は、立証が困難であるため、事実上私人は泣き寝入りを余儀なくされていたのですから、これは大きな進歩といえるでしょう。天は自ら助くる者を助く、ということです。

(3) 許認可等の権限に関連する行政指導
◆袈裟の下から鎧が

　行政手続法が問題視するもうひとつの類型が、「許認可等の権限に関連する行政指導」です。34条では、「許認可等をする権限又は許認可等に基づく処分をする権限を有する行政機関」がする行政指導にあっては、「行政指導に携わる者は、当該権限を行使し得る旨を殊更に示すことにより相手方に当該行政指導に従うことを余儀なくさせるようなことをしてはならない」と規定されています。

　いくら「お上」のご指導といっても、私人もそれほど卑屈ではありませんし、中には剛の者もいますから、その行動を行政の望む方向に向けさせるには、それなりのワザが必要です。そこで、相手方の自由意志を事実上抑圧し得る効果的な行政指導として、「権限を背景とした行政指導」がクローズアップされます。いざとなれば法律上の権限が行使されるという前提の下で行政指導がなされれば、もはや行政指導に従わないわけにはいきません。法的権限が行使された場合には、もし問題があれば、裁判的救済の道がそれなりに用意されています。しかし、行政指導の場合には、仮に違法な行政指導が行われたとしても、これを裁判で争うことは非常に難しくなります。

　表面的にはソフトな対応がなされているとしても、一皮剝けば権力者の顔が透けて見える、そのような構図の中で行われる行政指導は、権利侵害のリスクが格段に高くなります。それゆえ、法はこの類型をとくに明示するとともに、そのような行政指導をする場合には、その前提となる権限の根拠となる法令の条項、要件等について、相手方に示さなければならないとしています（35条2項）。

(4) **手続的規制**
◆**行政指導の方式**
　行政手続法は、さらに行政指導のやり方、方式についても規定を置いています。
　35条1項は、行政指導に携わる者が、相手方に対して、行政指導の趣旨・内容・責任者を明確に示さなければならないとし、2項は、とくに許認可等の権限に関連する行政指導について、権限行使の根拠となる法令の条項、要件、権限の行使がその要件に適合する理由を相手方に示さなければならないとします。あたり前のことのように思うかもしれませんが、行政指導はインフォーマルに行われるので、趣旨も内容も責任者が誰なのかも、また、法令の根拠等も、後からみるとはっきりしないという実態があるため、このような規定が設けられています。
　35条3項では、書面主義が定められています。そこでは、「行政指導が口頭でされた場合において、その相手方から…書面の交付を求められたときは、当該行政指導に携わる者は、行政上特別の支障がない限り、これを交付しなければならない」と規定されています。ふーん、そうかと読み飛ばしてはいけません。この条文は地味ですが、国民が自分の権利自由を守ろうとしたとき、思いもかけない効果を発揮します。

◆**行政指導の書面化要求**
　35条3項によれば、私人が要求すれば、行政側は、行政指導の趣旨・内容・責任者、法令の根拠等を書面にして交付することが義務づけられます。ただ、ちょっと想像してみて下さい。密室でお役人と内々の話をしている真っ最中に、「あのー、今のお話、ちょっと書面にしてもらえます？　ついでに責任者が誰かもはっきりさせて下さいね」などと言い出すのは、はっきりいって勇気のいることです。勇気どころか、そんなヤボなことを言ったとたん、密室性は失われ、行政指導は成り立たなくなります。
　行政指導の書面化を要求するということは、行政当局と私人の関係が「密室における内輪の関係」から「緊張感のある外部関係」に変わる契機を提供します。言い換えると、私人のほうで、「もう、こんな行政指導には応じられない！」と覚悟を決めたとき、はじめて書面化を要求す

る前提条件が整います。そして、書面化を要求されると、行政当局はこれに応ずる義務を負うことになるので、その時点で行政指導は公の場に引っ張り出され、事案は新しい局面に入ります。この場合も、書面化要求をしたこと自体について客観的な証拠が残るようにしておくことが肝心です。

◆**書面化された行政指導**

　行政指導が書面化されると、行政当局と私人の関係は大きく変化します。なぜなら、今まで、申請書を出したとか出さないとか、指導があったとかなかったとか、従来であれば水掛け論になって、結果として私人が泣き寝入りせざるを得なかったケースで、書面を手に入れた途端、逆に「証拠」は私人の側にあることになり、出るところに出ると、行政指導があったことを前提に種々の主張をすることが可能になるからです。また、不合理な行政指導がなされている場合には、書面化要求をしただけで、水面下でしか行うことのできない妙な行政指導はできなくなるという、副次的な効果も期待されます。

　行政手続法の規定は、行政指導に従わないことを決意した者にとってはじめて威力を発揮します。従前どおり行政指導に従ってしまう者、書面化要求を躊躇してしまう者にとっては、あまり意味を持たない、そういう規定なのです。この法律の行政指導に対するスタンスは、このような独特のものとなっています。

(5)　**行政指導の中止の求め、行政指導の求め**

　平成26年の行政手続法改正により、行政指導の中止を求める手続（36条の2）と、行政指導を求める手続（36条の3）が新たに導入されました。両者とも、「法律に根拠のある行政指導」のみが対象となっています。

　前者は、行政指導の相手方が、当該行政指導が法律の定める要件に適合しないと思料する場合に、行政機関に対して行政指導の中止その他必要な措置をとることを求めることができるというものです。後者は、何人も、法令に違反する事実があり、その是正のためにされるべき処分または行政指導がされていないと思料するときに、行政機関に対して処分

または行政指導をすることを求めることができるというものです。もっとも、規定の仕方がゆるいので、その実効性についてはあまり期待できません。

3　行政指導の具体例

◆建築確認留保

　典型的な行政指導として、「建築確認留保」と呼ばれる類型があります。ここでは、具体的な行政指導の例をご紹介しましょう。

　建築基準法では、建築主事は、建築確認の申請を受理してから一定期間以内に審査・確認しなければならないとされています（6条4項）。しかし、実務においては、まちづくりの観点から、建築確認の申請を留保して建築物についてさまざまな行政指導をすることが広く行われてきました。これは、「申請に関連する行政指導」の典型的な例です。行政指導を受ける側からすると、建築確認を人質にとられる形で行政指導が行われるので、否応なくこれに応ずることになります。

　最高裁は、建築主が行政指導にもはや協力できないとの意思を真摯かつ明確に表明し、確認申請に直ちに応答すべきことを求めているものと認められるときは、特段の事情がない限り、それ以後の行政指導を理由とする確認処分の留保は違法となる、という基準を示しました（品川マンション事件判決・最判昭60・7・16民集39巻5号989頁）。行政手続法33条は、この判例を基礎として条文化されたものです。

　この種の事案において、建築主が意に沿わない行政指導をやめさせ、速やかに建築確認を得るには、どうすればいいでしょうか。まず、新設された「行政指導の中止等の求め」（行政手続法36条の2）は、問題となる行政指導が法律に根拠のないものであるため、この手続を使って行政指導をやめさせることはできません。そこで、ストレートに、建築確認を求める方策として、裁判所に対して義務付け訴訟を提起することが考えられます（行政事件訴訟法3条6項2号）。ただし、この場合、「法令に基づく申請」がなされていることが前提となるので、建築確認の申請をしておく必要があります（➡第14章）。

◆給水拒否

　地方公共団体があみ出した、行政指導の効果を高める工夫として、「水攻め」と呼ばれる手法があります。これは、行政指導に従わなかった者に対する「制裁」として、上水道や下水道を給水しない措置をとるというものです。武蔵野マンション事件として有名な事例を紹介しましょう。

　武蔵野市は、昭和40年代、首都圏の典型的なベッドタウンとして乱開発が進み、中高層マンションが非常な勢いで建設されていました。そこで、市長は宅地開発指導要綱を作成したうえ、強い態度で行政指導に臨むこととし、行政指導に従わない建設業者からの給水契約の申込みを「受理」しませんでした。水道法15条1項では、水道事業者である市は「正当の理由」がない限り給水契約の申込みを拒んではならないとされているため、市長は水道法違反で起訴されることになります。

　市長が起訴されるとはなかなか壮絶ですが、法治国家においては、目的は手段を正当化しません。市長の行動は、主観的には強い正義感に基づくものではありましたが、残念ながら、手段が法律に抵触していました。水道がなければ人間は生きていけませんので、これをタテにして行政指導をするというのは、やり過ぎだということです。最高裁は、行政指導に対する不協力は水道法にいう「正当の理由」にあたらないとし、市長の有罪が確定します（最判平元・11・8判時1328号16頁）。

第10章 その他の行為形式

POINT

① その他の行為形式として、行政契約、行政計画、行政調査がある。
② 行政契約は、給付行政領域で活用されている。理論的な蓄積が少ないため、行政契約論の充実は今後の課題である。
③ 行政計画は、複雑な現代行政を秩序だてるために不可欠のツールである。
④ 行政調査には、任意調査と強制調査がある。犯罪捜査との関係に注意する必要がある。

★キーワード
私法への逃避、計画策定手続、所持品検査、犯則調査

1 行政契約

◆行政が契約を結ぶ!?

　行政契約とは、一般に、行政主体が行政目的を達成するために締結する契約をいいます。第7章で述べたように、本来の振り分けは、「行政は行政行為、私人は契約」という図式でした。行政は権力を行使するので、その行為形式を「行政行為」という型にはめ込むことによって法律による縛りをかけ、国民の権利自由が侵害されることを防止するというのが、「行政行為論」の基本的な発想です。「法律による行政の原理」は、元来こうしたシーンを念頭に置いており、したがって、権力を持った行政が私人と契約を結ぶというようなことは想定されていませんでした。行政が契約方式を使って活動することを認めれば、「契約自由の原則」の名の下で、行政の言うままに私人は契約を結ばされることになりかねないと考えられたからです。

◆敬遠されがちな行政行為

　もっとも、国民の権利自由を守るため、良かれと思って構想された

> **〈行政の活動形式〉**
> 行政行為 ←「法律による行政の原理」により、個人の権利自由を
> 　　　　　防御する
> 行政契約 ←「契約自由の原則」を修正し、公益適合性を確保する
> 　　　　　ことが課題

　「行政行為」という道具には決まりごとが多く、行政にとっても、私人にとっても、何だか面倒くさいと感じられるようです。そのため、現実の社会においては、契約がしばしば利用されています。行政にとってみれば、行政行為には法律によって定められた種々の制約が伴いますが、契約の場合は相手方の了解さえ得られれば、基本的に話はそれで済んでしまうので、はっきりいって相当ラクです。他方、私人にとっても、行政行為は、そう簡単には融通のきかないものですが、契約であれば、自分の意向を汲み取ってもらい、柔軟に対応してもらえる可能性があります。こうして、官民双方において行政契約は便利な存在であり、重宝されているのには理由があります。

◆**行政契約の落とし穴**

　契約は、行政にとっても、私人にとっても、便利なツールです。行政活動が契約に流れる現象はかなり昔から見られ、「私法への逃避」として問題視されることもありました。契約がそれほど便利であるなら、素直に活用したら良さそうなものですが、話はそう簡単ではありません。行政契約には大きな落とし穴があり、「法律による行政の原理」の観点からすると、その活用を手放しで認めるわけにはいかないと考えられています。

　それでは、契約方式を無制限に認めると、どのような問題があるのでしょうか。たとえば、税金については、憲法84条に「租税法律主義」が掲げられていて、これにより所得税法、法人税法、消費税法、地方税法など、多くの法律が制定されています。税金は、国税であるにせよ、地方税であるにせよ、法律の定めるところに従って確実に徴収されるべきものであるという点について、異論を挟む余地はありません。もし、租

税行政の分野に契約方式を持ち込んだらどうなるでしょうか。

契約は、当事者の話し合い、意思の合致によって成立するものですから、税務行政を契約方式で行うとすれば、税金をとるかどうか、税額をどのくらいにするかを、税務署職員と私人の「合意」に委ねることになります。しかし、それでは、気が弱かったり、知識を持たない私人は、税金のプロである税務署職員に言われるままに、税金の支払いを承諾してしまうかもしれません。逆に、百戦錬磨の達人であれば、税務署とわたりあってうまいこと話をつけ、税金をまけてもらう、なんてこともあるかもしれません。しかし、このような事態がおかしいということは、誰の目にも明らかです。そこで、こうした不公正がないよう、税金は法律の定めるところに従い画一的に徴収されることが要請されるのです。税務行政は、法律によってきちんと規律することが必要な領域であり、当事者間の合意によってその内容が左右されてしまうのは問題です。

◆**行政契約に適した領域**

以上のように考えると、「法律による行政の原理」に照らし、税務行政において契約手法を利用するのはよろしくない、ということがご理解いただけると思います。行政領域は、大きく侵害行政と給付行政に分けることができますが、税金の取立ては、侵害行政の典型的なものです。侵害行政は、行政の内容が個人の権利自由を規制するものですから、当事者の力関係に不均衡がある場合に契約手法を認めれば、当事者の「合意」によるというフィクションの下で、相対的に力の強い方の主張が一方的に通ってしまいかねません。契約は、不公正な関係を覆い隠す、「隠れ蓑」のような機能を果たしてしまいます。

ただ、このようなことがいえるのは、さしあたり侵害行政の分野に限られます。給付行政の分野では、個人にとって利益になる内容の行政が展開されますから、この分野において契約手法を否定する理由は見当たりません。行政実務では、侵害留保説が通用している関係で、給付行政には「法律の留保」が及ばないとされており、そのため契約方式が積極的に利用されています。法律自身が契約方式を採用している例も少なくありません。

◆**行政契約の例**

　給付行政領域における行政契約の具体例として、水道水を供給する契約、すなわち「給水契約」をあげてみましょう。

　水道法では、水道事業は原則として市町村が経営するものとされていますが（6条2項）、水道の供給は、水道事業者と給水を受ける者との間で「給水契約」が締結されて行われます。この場合、水道事業者は、あらかじめ料金等につき「供給規程」を定めなければならず、給水契約の申込みを受けたときは、「正当の理由」がなければこれを拒むことはできないとされています（14条1項、15条1項）。

　私人間の契約であれば、契約自由の原則が働きますから、自分の気に入った人とだけ契約を結ぶといったワガママも、必ずしも禁止されません。しかし、給水契約の場合、水道事業者には契約締結義務が法律上定められており、好きな人にだけ水道を供給するといった恣意的な運用は許されません。水道は、人間の日常生活に欠かせないきわめて重要なものですから、「水道事業の公共性」にかんがみ、契約自由の原則が制約されているのです。このように、行政契約には、公益的な観点から私人間の契約には見られない種々の制約が置かれています。これは、事柄の性質上、当然の要請といえます。

〈契約〉

私法上の契約	契約自由の原則が基本
行政契約（公法上の契約）	公益性の観点から統制が必要

◆**行政契約論の課題**

　わが国では、従来、行政行為を中心に議論がなされてきました。そのため、契約が有効な政策ツールであるという認識があまりなく、契約方式による行政活動は、事実上私法領域に追いやられ、行政法では長い間放置されてきました。

　行政契約に関する学問的な議論の蓄積は十分ではありません。民法上の契約の場合、契約自由の原則が妥当し、公序良俗違反（民法90条）などがない限り、契約内容は当事者の自由な意思決定に委ねられます。し

かし、行政活動として契約が用いられる場合は、当事者の一方または双方が公的主体であるのが普通なので、契約内容には公益的な観点からの制約がなければなりません。行政契約には、それが行政活動として行われる以上、平等原則や比例原則など行政上の一般原則の適用をはじめ、私人間の契約には見られない種々の制約が存在し、その適切な統制が必要と考えられます。契約が公金支出を伴う場合には、なおさらです。行政契約論の充実は現代行政の大きな課題といえるでしょう。

COLUMN

建築協定

　特殊な行政契約として、私人間で協定を結んだうえで、行政庁から認可を受けることを予定するものがあります。契約法理においては、契約を締結した当事者が当該契約に拘束されることは当然ですが、無関係の第三者に契約の効力は及びません。しかし、協定について行政庁の認可を受けることにより、第三者に対しても協定の効果が及ぶことが認められる例があります。

　たとえば、建築基準法で認められている建築協定がその典型的なものです。市町村の条例で認めた場合、一定区域の土地権利者が、区域内の建築物の敷地、位置、構造、用途、形態、意匠または建築設備に関する基準について協定を締結し、建築協定書を作成のうえ特定行政庁の認可を受けると、当該協定は、その公告のあった日以後、土地所有者となった者に対しても効力（第三者効）を持つものとされます（69～75条）。これにより、建築協定区域内では、協定で定められた事項が権利者の変動にかかわらず、維持されることになります。建築協定の場合、協定を締結するのはあくまでも住民同士になりますが、地域における良好な住環境を維持するという公的目的をもって締結された協定ですから、行政庁の認可という「お墨付き」を得ることで第三者効を持つとされるのです。建築協定は、行政と地域住民が関与して制定する一種のローカル・ルールと理解することが可能です。

　今後の発展可能性を秘めた行政契約として、注目されます。

2　行政計画

◆**計画による行政**

　現代行政は、「計画による行政」が必然であるといわれます。行政権が肥大化するという行政国家現象の中で、行政の取扱う事務の範囲はかつてないほど広がっており、個々の問題もそれぞれが格段に複雑になっています。そのような状況を前提とすると、膨大な事務を手際よく処理し、合理的な行政運営を遂行するには、あらかじめ一定の方針の下に計画を立てておくことは不可欠です。もし、計画を一切立てずに行政を運営しようとすれば、実務は、たちまち、ちぐはぐで、雑然とした脈絡のないものになってしまうでしょう。現代国家は、それだけ巨大化・複雑化しているのです。実務では、さまざまなタイプの計画が数多く策定されています。

◆**行政計画の構造**

　理論的な意味で行政計画とは何かを論ずる場合、行政計画という名称がついているかどうかにかかわらず、何らかのビジョンの下に行政の将来的な展開を志向するものを、広く行政計画として把握しておくことが適切です。行政計画は、伝統的な行政法学が「知らない」独特の現代的存在といわれます。一般に、法律の構造は、「○○の場合」＝要件と、「○○ができる」＝効果、という具合に、要件—効果構造をとります。一定の要件が満たされると行政権限が発動できるという効果が生じる、というものです。

　これに対して、行政計画には、このような要件—効果構造は認められません。そこには、目的—手段という行政計画独特の構造を見てとることができます。つまり、行政計画は、ある種の時間軸の下に「目標」を設定し、その目標を達成するために、種々の政策手段を総動員するとい

〈伝統的法律と行政計画の構造の相違〉

伝統的法律	要件—効果
行政計画	目的—手段

う構造があるのです。行政計画の2大要素として、一般に、①目標設定、②手段の総合性があげられます。

◆行政計画の状況適合性

このように、行政計画は、伝統的な法律にはみられない独特の構造を持っているのですが、そのことは状況変化に対する行政計画のあり方にも表れます。法律は、いったん制定されると、恒久的に存在することを予定しており、改正はよほどのことがなければ行われないのが建前です。最近、法律のあり方も随分様変わりしていて、法改正のスピードも加速度を増している感がありますが、伝統的法律の改正が至難を極めることは、しばしば目にする現象です。

これに対して、行政計画は、状況変化に応じて不断に見直され、変動する事態に応じて適宜方向性を調整していくことが、あらかじめ予定されています。法律と行政計画は、状況の変化に対する基本的な姿勢が違っているのであり、行政計画は、それ自体が変わっていく存在なのです。

このことからもわかるように、行政計画は、既成概念では説明のできない、すぐれて現代的な行為形式といえます。したがって、行政計画は「そういうもの」として、ありのままに理解する必要があります。

〈行政計画の特徴〉

① 目標設定と手段の総合性
② 状況適合性

◆さまざまな行政計画

行政計画には、基本構想、プラン、方針、見通し等々、さまざまなものがあります。

行政計画に法律の根拠が必要かどうかは、策定しようとする行政計画が個人の権利義務に法的影響を与えるかどうかによって、個別的に決定されることになります。基本的には、行政計画について、具体的な法的効果を企図する場合には法律の根拠が必要、事実的な効果を企図するにとどまる場合には法律の根拠は不要、と考えられます。

法的効果を持つ行政計画としては、都市計画が代表的なものです。都

市計画は、土地の形質変更が禁止されるなど一定の法的効果を有しています。もっとも、指針的な効果を持つにとどまる行政計画であっても、それが将来にわたる国家のビジョンを示し、各種政策の指針として事実上大きな影響力を有する場合、民主的正当化の観点から法律の根拠を要するという見解が有力です。

◆**計画策定手続の重要性**

平成16年の行政事件訴訟法改正によって、行政計画についても、一般論として行政訴訟が提起しやすくなったといえると思います。ただ、行政計画は、多くの利害関係者がいて、それぞれの多様な利益を調整しながら策定されるものであり、しかも、状況の変化に応じて計画自体の変更が予定されている独特の存在です。行政計画を裁判で争った場合、裁判では「適法か、違法か」が問題になるだけで、その中間的な解決は必ずしも期待できませんし、仮に行政計画が違法とされ、計画が全否定されてしまうと、それまでに積み上げられた調整の努力は、その時点で無に帰すことになってしまいます。このように考えると、実は、行政計画を裁判で争うのは、あまりおすすめできないオプションだと言わざるを得ません。

行政計画においてより重要なのは、裁判手続の充実よりも、その策定手続の充実である、ということができます。行政計画を策定する過程は、それ自体がぶっつけ本番の、多様な利害調整そのものといって差し支えありません。行政計画の策定手続については、行政手続のひとつとして整備が図られることが望まれます。計画策定手続としては、行政が内部で作成した原案をいきなり公にするのではなく、原案の作成段階から利害関係者に参加してもらい、各種の利害を少しずつ調整し、原案を練り上げていくことが理想的です。計画策定手続の整備は、今後の課題です。

3　行政調査

◆**情報収集**

行政調査とは、行政機関が、行政目的を達成するために必要な情報を収集する活動をいいます。行政機関の行う情報収集活動には、強制的な

ものもありますが、任意の行政調査は広く行われ、行政調査の主要な部分を占めています。どのような行政決定も、何らかの調査・情報収集をすることなしにはできないはずですから、行政調査は、すべての行政決定を行うための前提作業であるという意味を有しています。

任意調査の場合、相手方の同意の下に情報収集がなされるので、「法律による行政の原理」に照らし、法律の根拠は必ずしも必要ではありません。ただ、同意があるからといって行政機関の情報収集が無制限に許されるというものでもないので、任意調査の限界が議論されます。これに対し、強制調査の場合、強制のモメントがある以上、「法律による行政の原理」、とくに侵害留保の原則から法律の根拠が必要とされます。

〈行政調査〉

|任意調査| ⇨ 法律の根拠は不要
|強制調査| ⇨ 法律の根拠が必要

◆収集した情報の利用ルール

行政機関が種々の方法で収集した情報の取扱いは、現在では情報公開法制および個人情報保護法制に定められたルールにのっとって行うことが求められます。

しばしば問題になるのが、個人情報の他の行政機関等への提供の可否です。行政機関個人情報保護法（行政機関の保有する個人情報の保護に関する法律）8条では、「行政機関の長は、法令に基づく場合を除き、利用目的以外の目的のために保有個人情報を自ら利用し、又は提供してはならない」とされています（1項）。例外的に目的外利用・第三者提供が認められる場合は、次のとおりです（2項）。

①本人の同意があるとき、または本人に提供するとき
②行政機関が法令の定める所掌事務の遂行に必要な限度で保有個人情報を内部で利用する場合であって、当該保有個人情報を利用することについて相当な理由のあるとき
③他の行政機関等に保有個人情報を提供する場合において、提供を受ける者が、法令の定める事務または業務の遂行に必要な限度で提供

に係る個人情報を利用し、かつ、当該個人情報を利用することについて相当な理由のあるとき
④前3号に掲げる場合の他、専ら統計の作成または学術研究の目的のために提供するとき、本人以外の者に提供することが明らかに本人の利益になるとき、その他提供することについて特別の理由のあるとき

個人情報の第三者提供は、本人の同意をとりつければ基本的に問題は生じません。実務レベルで問題となるのは、本人の同意がとれない状況下において、その情報を利用する必要性があるときの扱いです。最近では、個人情報保護への「過剰反応」が問題となることも多く、法定された基準に従い、活用すべき情報はきちんと活用するという適切な運用が求められます。

◆**任意調査の限界——所持品検査**

任意調査においては、任意調査の限界、すなわち、調査においてどの程度の有形力の行使が許されるのかが問題となります。

警察官職務執行法2条1項は、「警察官は、異常な挙動その他周囲の事情から合理的に判断して何らかの犯罪を犯し、若しくは犯そうとしていると疑うに足りる相当な理由のある者又は既に行われた犯罪について、若しくは犯罪が行われようとしていることについて知つていると認められる者を停止させて質問することができる」と規定しています。これを「職務質問」といい、警察官は、職務質問の一環として、挙動不審者の所持品について質問することが可能です。

少し想像力を働かせて、リアルに考えてみましょう。

警察官Aが、深夜覚せい剤事犯の多発するエリアで、挙動不審なBを見つけたとします。Bの顔色は妙に青白く、その態度には落ち着きがありません。Aの経験では、Bは覚せい剤中毒者のように見受けられます。Bをつぶさに観察してみると、上衣のポケットが不自然にふくらんでいます。そこで、AはBに対してポケットの中身が何であるかを尋ねましたが、Bは答えません。そこで、Aは今度は強い調子で、ポケットの中身を出して見せるように求めると、Bはしぶしぶポケットから「目薬とちり紙」を取出し、Aに手渡しました。しかし、ポケッ

トにはまだ何か入っているようなので、Aがポケットを外からさわってみると、「注射器のような形の何か堅いもの」が入っています。Aは、これはあやしいと確信して、思い切ってポケットに手を入れて中身を取り出したところ、「注射器1本とビニール袋入りの覚せい剤ようの粉末」が入った紙の包みが出てきました。検査の結果、覚せい剤であることが判明し、その時点でAはBを覚せい剤不法所持の現行犯として逮捕しました。

◆有形力の行使はどこまで許されるか

いかにもありそうな展開ですが、Aの行為に対してBは必ずしも明確に拒絶する意思を表明しているわけではないので、さしあたり、相手の同意の下で所持品検査がなされている事案といえそうです。Aがポケットの中身について質問することは、職務質問そのものであり、適法です。多少強い調子で発問すること、ポケットの中身を出すよう求めることも、許容範囲でしょう。しかし、Aがポケットを外からさわった行為は、任意調査として許されるギリギリの行為と考えられます。

最高裁は、「捜索に至らない程度の行為は、強制にわたらない限り、たとえ所持人の承諾がなくても、所持品検査の必要性、緊急性、これによって侵害される個人の法益と保護されるべき公共の利益との権衡などを考慮し、具体的状況のもとで相当と認められる限度において許容される場合がある」と述べ、職務質問に付随してなされる所持品検査に相手方の同意は必ずしも必要ない、としています（最判昭53・9・7刑集32巻6号1672頁）。しかし、最高裁の基準によっても、Aが直接Bの上衣の内ポケットに手を差し入れて注射針等の所持品を取り出した行為は、プライバシー侵害そのものであり、令状をもって行うべき「捜索」に類するので、許容限度を逸脱していると言わざるを得ません。

覚せい剤所持者を発見し、身柄を拘束する必要性と、疑いをかけられた人の利益を考慮すると、最高裁の示した基準は、全体としてはバランスがとれた無難な線といえるでしょう。

◆強制調査の態様

強制的な行政調査としては、本人や関係者への質問、報告徴収、土地・建物への立入り、書類・帳簿等物件の調査、捜索・差押え・押収、収

去等、さまざまなものがあります。強制の程度が最も高いものは、実力行使を伴う行政調査で、これに罰則を伴う行政調査が続きます。

　行政機関が調査を実施するにあたって相手が抵抗した場合、抵抗を実力で排除することが認められる場合があります。入管法は、入国警備官が違反調査のために必要があるときは裁判官の許可を得て（許可状＝令状が発布されます）、臨検、捜索または押収をすることができるとしています（31条1項・4項）。また、捜索または押収をするため必要があるときは、錠をはずし、封を開き、その他必要な処分をすることも認められます（32条）。入国警備官には、実力行使が認められていることがわかります。

　その他、調査拒否や虚偽報告について罰則が設けられている強制調査の類型があります。これは、最もメジャーな態様です。たとえば、国税庁等の職員は、所得税や法人税等に関する調査について必要があるときは、納税義務者等に質問し、またはその者の事業に関する帳簿書類その他の物件を検査することができます（国税通則法74条の2第1項）。これを「質問検査権」といいます。税務職員が質問したにもかかわらず答弁をしない場合もしくは偽りの答弁をした場合、検査を拒み、妨げもしくは忌避した場合には、1年以下の懲役または50万円以下の罰金に処せられます（127条2号）。

◆行政調査に令状が必要か？

　強制力を伴う行政調査については、刑事手続と同様に、令状が必要かどうかという問題があります。

　憲法35条2項は、捜索・押収には司法官憲（裁判官）の令状が必要であるとしています。最高裁は、憲法35条が純然たる刑事手続ばかりでなく行政手続にも適用の余地があるとしましたが、所得税法の質問検査権については、「もつぱら、所得税の公平確実な賦課徴収のために必要な資料を収集することを目的とする手続であつて、その性質上、刑事責任の追及を目的とする手続ではない」と述べて、令状は必ずしも必要ないとしました（最大判昭47・11・22刑集26巻9号554頁）。

　最高裁によれば、一般的な行政目的に基づく行政調査であれば令状は不要であり、刑事責任の追及を目的とする行政調査であれば令状が必要

であるということになります。刑事責任の追及をにらんで行われる行政調査としては、税務署職員等による犯則調査があります。犯則調査のために必要があるときは、裁判官の許可を得て、臨検、捜索、差押え等を行うことができるとされます（国税犯則取締法2条1項）。犯則調査において犯罪事実が確認されると、告発することが予定されており（12条の2、13条、17条）、犯則調査は刑事手続と密接な関連を持っています。

〈令状主義に関する最高裁の考え方〉

捜査　　　令状が必要
行政調査　令状は原則として不要
※ただし、刑事責任の追及を目的とする行政調査には令状が必要

◆行政調査と犯罪捜査

　ここで、行政調査と犯罪捜査の異同について説明しておきます。

　ごく簡単にいえば、捜査機関が行う調査活動が「犯罪捜査」であり、捜査機関以外の行政機関が行う調査活動が「行政調査」です。捜査機関とは警察および検察などを指しますが、これらは行政機関の中の特殊なものという位置づけになりますから、犯罪捜査は広い意味で行政調査に含まれるという整理が可能です。

　犯罪捜査は、調査のプロ（捜査機関）がきっちりやるというものですから、手続も刑事訴訟法によって厳格に定められています。これに対して、一般の行政調査では、ごく普通の一般職員が現地に赴いて、立入調査をしたり、質問をしたり、資料の提出を求めたりというように、個別法の定めるところに従い、調査活動を遂行します。なお、一般の行政調査の中でも、脱税などの国税犯則事件の調査のように捜査に近いものがあることは、すでに述べたとおりです。

〈行政調査と犯罪捜査の異同〉

行政調査　…一般職員が主体　→　一般的な規律はなく、個別法による
犯罪捜査　…捜査機関が主体　→　刑事訴訟法の規律による

第11章 行政の義務履行確保

POINT

① 行政の義務履行確保には、裁判所を通じて義務を実現する司法的執行と行政自身が義務の実現に関わる行政的執行がある。
② 司法的執行は判例で否定され、行政的執行に関する法制度は十分整備されていないため、行政の義務履行確保の制度には不備な面が目立つ。
③ 行政罰も機能不全に陥っている。

★キーワード
法執行、法律上の争訟、行政代執行、GHQの方針、行政刑罰、秩序罰、反則金、放置違反金

1 司法的執行と行政的執行

◆宝塚市パチンコ条例判決の衝撃

　行政法関係の事例では、ときどき行政庁もびっくりするような判決が出されることがあります。戦後の最も悪名高い判決としては、ジェット機をせめて真夜中に飛ばすのはやめてほしい、という空港周辺住民の切実な訴えについて、唐突に請求を門前払いした大阪空港最高裁判決があります（➡第4章）。ところが、平成14年にこれをしのぐともいわれるすごい判決が出ました。宝塚市パチンコ条例判決（最判平14・7・9民集56巻6号1134頁）が、それです。いや、この判決には本当にびっくりしました。これは、行政が命令を出したのはいいけれど、相手が素直にいうことをきかなかった場合にどうするかという行政の義務履行確保に関わる事件です。歴史に残る判決であることは間違いないので、事案をご紹介しつつ、議論を整理していくことにしましょう。

◆印籠が効かなかったとき

　事件の舞台となったのは、兵庫県宝塚市、市民の環境意識の高い先進的な地方公共団体です。良好な住環境を守ろうとする場合、だいたいど

こでもパチンコ店、ゲームセンター、ラブホテルの扱いが問題になるのですが、宝塚市では早くも昭和58年に、これらの建築等の規制に関する条例が制定されました（以下、単に「宝塚市パチンコ条例」と称します）。

この条例では、パチンコ店等の建築等をしようとする者は、建築確認を得る前に、市長の同意を得なければならないとされていました。パチンコ店を建築するため、業者Aが市長に対して同意を求めたところ、市長は条例の規定に照らして、同意しませんでした。しかし、Aは、別途建築基準法に基づく建築確認を得ることができたので、パチンコ店の工事を建設業者に発注することとし、基礎工事に着手します。この事態を受け、市長は条例に基づいて「建築工事中止命令」を発します。日本の伝統的な行政スタイルからすれば、行政指導ではなく「命令」という公権力の行使（行政行為）がなされたことは、ある意味で異例のことでしたが、Aは市長の命令もなんのその、そのまま工事を続行します。市長としては、命令を出したのだから、相手は当然いうことをきくだろうと思っていましたから、これは予想外の展開でした。まあ、水戸黄門の印籠のような感じですが、エイヤと印籠を見せたのに、それが効かなかった場合、その後の展開はかなり悲惨です。命令を無視されてしまった市長は、やむなく、神戸地裁に対して、工事の続行禁止を求める訴えを提起します。

◆条例の甘さ

宝塚市パチンコ条例では、まず、市長の同意を得ることが要求されます。この同意条項は行政指導の実施を企図したものです。市長が同意をしなかった場合、相手がパチンコ店等の建築を自発的に断念することが期待されています。もっとも、条例には、市長の同意がないのに施設の建築をしようとする者があり得ることに備えて、市長が建築等の中止、原状回復その他必要な措置を講じるよう命じることができる、という規定が置かれていました。本件における建築工事中止命令はこの規定に基づいて発せられたものですが、どういうわけか、相手が命令に従わなかった場合に関する規定は置かれていませんでした。「命令できる」、という規定のみがあって、命令を担保するための罰則や、その実効性を確保する手段は整備されていなかったのです。

今日、「罰則の機能不全」がいわれて久しく、罰則を置いたからといって効果があるとは限らないのですが、それにしても随分のんびりした条例もあったものです。命令を出しさえすれば、それで話が済むと思ったのでしょうか。このような条例は、市の政策立案の甘さを露呈するものという他はありません。条例を見る限り、市長が中止命令を出しても、ひょっとしたら相手がそれに従わないことがあるかもしれない、そのとき行政はどうするのか、という問題意識が欠けていたということです。中止命令により、相手には建築を中止する義務が発生します。この義務の履行をどのように確保するのかということが、行政上の義務履行確保の問題です。この問題領域に対する意識の希薄さは、宝塚市に限らず、国・地方の行政全般で、共通に見られる現象です。

◆ **法執行という問題意識**

わが国の行政においては、全般的に、法執行（ロー・エンフォースメント）に関わる意識が低いという問題があります。最近、地方税の徴収率が低いとか、学校給食の代金や保育所の料金を払わない人が増えているといったことが、ときどき話題になります。これらも法的に発生した支払義務の実現に関わります。

「法律による行政の原理」からすれば、単に法律・条例を作って満足するのではなく、作った法律・条例をどのように実行していくかということも当然視野に入れなければなりません。「法執行」というあたり前の問題意識が、従来の行政にほぼ欠落していたのは、ある意味で驚くべきことです。わが国でも、目からウロコというか、コロンブスの卵、みたいな話ですが、そうした独自の問題領域があるということが、ようやく認識されつつあります。

〈法律による行政の原理の２つの要請〉

法の制定局面→合理的な内容の法律・条例を作ること
法の執行局面→制定された法律・条例を確実に実施すること

◆ **事件の顛末**

さて、宝塚市の事例に話を戻すと、市長が中止命令を発した後、条例

には命令の実効性を確保する仕組みが用意されていなかったため、前述したように、宝塚市は業者に対して、「工事中止義務」の履行を求めて民事訴訟を提起しました。で、その後、裁判はどうなったでしょうか。

　結論的には、神戸地裁、大阪高裁と、市の請求は棄却されてしまいます。市は敗訴したということですが、請求棄却ですから、一応、訴訟は受け付けられたうえで、市の主張に理由がないとされたにとどまります。ところが、最高裁は、次のように述べて、大阪高裁判決を破棄、神戸地裁判決を取消し、市の訴えそのものを「却下」してしまいます（最判平14・7・9民集56巻6号1134頁）。敗訴といっても、訴えそのものが受け付けられないとして、入り口段階で排斥されてしまったのですから、大敗北です。最高裁は、「国又は地方公共団体が専ら行政権の主体として国民に対して行政上の義務の履行を求める訴訟は、裁判所法3条1項にいう法律上の争訟に当たらず、これを認める特別の規定もないから、不適法というべきである」と述べました。

◆法律上の争訟

　ここで、裁判所法3条1項にいう「法律上の争訟」とは、一般に、憲法76条1項にいう「司法権」と同義と解されています。したがって、この判決は、条例に基づいて市長が中止命令を出し、その履行を求めて裁判所に訴訟を提起しても、それはそもそも司法権のカテゴリーに入らない＝裁判所の仕事ではない、といっているのと同じことになります。行政上の命令を裁判所を通じて実現することを「司法的執行」といい、このような仕組みは英米法のシステムにみられます。わが国の司法権はアメリカ流ですから、本件のような訴訟が「司法権」に入ることは当然の前提であり、下級審でも、そのことはとくに争点になっていませんでした。学説においても、一部に異説もありましたが、こうした訴訟は許容されるというのが多数の見解でした。

　いずれにしても、最高裁は、この判決によって、司法権という憲法が与えた任務のうち、司法的執行にかかる任務を自ら放棄してしまったことになります。どうも、わが国の最高裁は、日本国憲法の司法権の内容をいまだ正確に理解できていないようです。これは本当に困ったことですが、もはや取り返しはつきません。この判決は、非常に厳しい批判を

受けることになりました。

◆**司法的執行を全否定した判決**

　法執行という観点から見た場合、この最高裁判決により、行政上の義務の実現にあたって裁判所を利用することは不可能となってしまいました。悪名高き大阪空港判決でさえ、行政訴訟はともかくとして民事訴訟はダメ、という言い方でしたから、行政訴訟ならいけるかもしれないという、わずかな希望は残されていました。しかし、宝塚市パチンコ条例判決では、そもそも司法権に入らないというのですから、行政上の義務について裁判所に訴えるというルートは「全否定」されてしまったわけで、一切の可能性は絶たれていることになります。地方行政が失ったものはあまりにも大きく、この判決を正面から覆す法律を制定するより他に、リカバリーの手立てはありません。最高裁が「法の番人」とは限らないという実態を、垣間見せた事案といえます。

◆**行政的執行**

　行政上の義務を執行するにあたって、裁判所を通じた司法的執行の途が事実上閉ざされた以上、残された選択肢は、行政自らがその執行にあたる「行政的執行」しかない、ということになります。それでは、この行政的執行に関する現行法の仕組みはどうなっているのでしょうか。これがまた問題山積、いろいろな課題がありそうです。行政代執行を中心に、以下、説明していきましょう。

2　行政代執行法

◆**行政執行法の廃止**

　戦前、行政的執行については、租税については国税徴収法、行政一般については行政執行法という法律がありました。行政執行法は明治33年に制定された法律ですが、これに基づいて行政は自ら実力を行使することが認められていました。検束、仮領置、家宅侵入、強制診断、居住制限、土地物件の使用・処分、使用制限、代執行、執行罰、直接強制等々、ちょっとコワイ感じですが、こうした行為が一般的に許容されていたのです。そして、戦前においては、これらの権限が濫用され、国家によって深刻な人権侵害行為が行われました。その反省から、昭和23年に行政

執行法は廃止され、以来、行政が実力を行使することについて、わが国の法制度は非常に抑制的なものとなっています。これは、戦後、行政上の義務履行確保は、基本的に行政的執行ではなく、行政罰（後述）で行うとする GHQ の方針に基づくものです。

現在、租税については国税徴収法がありますが、それ以外に、一般法として認められているのは「行政代執行法」のみです。かつて行政執行法の下で認められていた執行罰、直接強制は、現在では個別法でとくに定められた場合にだけ認められます。執行罰については、明治30年に制定された砂防法に唯一の規定があるのですが、これは、誤って廃止しそこなったために残っているというにすぎません。このような次第で、行政的執行についての法制度は、お世辞にも充実しているとはいえないのが現状です。

〈法執行の現状〉

司法的執行：判例で全否定
行政的執行：現行制度は非常に抑制的に作られ、不備が目立つ

◆行政代執行

行政代執行とは、他人が代わってなすことができる義務（これを「代替的作為義務」といいます）を義務者が履行しない場合に、行政庁が義務者に代わって義務を履行し、その費用を義務者から徴収する制度をいいます。

たとえば、違法建築物について、行政庁が建築主に対して除却命令（壊しなさい、という命令）を出したにもかかわらず、建築主がいつまでたっても除却しない場合、行政庁は建築主に代わって違法建築物を除却し、それに要した費用を建築主に対して請求することができます（建築基準法9条1項・12項）。ここで、違法建築物を壊す行為は、誰でもできる性質のものです。代執行の対象となるのは、本来の義務者以外の第三者でもなし得る義務、すなわち代替的作為義務に限られます。

代執行の要件については、行政代執行法2条が規定を置いています。

> 〈代執行の3要件〉
> ① 代替的作為義務の不履行
> ② 他の手段によって履行を確保することが困難であること（補充性）
> ③ 不履行を放置することが著しく公益に反すると認められること

◆**条例と代執行**

　地方公共団体が条例で代替的作為義務を定めることにより、代執行をすることができるか、という問題があります。

　行政代執行法2条では、「法律（法律の委任に基く命令、規則及び条例を含む。以下同じ。）により直接に命ぜられ、又は法律に基き行政庁により命ぜられた行為」について、代執行ができるとされています。この条文をみると、カッコ書きで「条例」の文言がありますから、条例で定めれば、代執行ができるような感じもしないではありません。しかし、厳密には、条文では「法律の委任に基く命令、規則及び条例」と規定されており、「法律の委任に基く」という部分は、命令、規則そして条例にかかります。そうすると、代執行について定めることができるのは、法律の委任を受けて制定された条例（これを「法律委任条例」といいます）に限られる、というのが正しい法文の読み方ということになります。ここは、文理解釈として動かせないところです。

　このことを前提にすると、宝塚市パチンコ条例のように、法律とは関係なく、まちづくりの観点から独自に制定された条例を「独自条例」といいますが、独自条例では、法律の委任がない以上、代執行はできないという結論になりそうです。ただ、最近では、条例に委任を与える法律として、地方自治法のような一般法でも構わないとする見解が主張されています。地方自治法14条は、「普通地方公共団体は、法令に違反しない限りにおいて第2条第2項の事務に関し、条例を制定することができる」（1項）、「普通地方公共団体は、義務を課し、又は権利を制限するには、法令に特別の定めがある場合を除くほか、条例によらなければならない」（2項）と規定しています。地方自治法は、地方制度に関する基本的な法律であり、その規定は一般原則に近いものがあります。代執

行を認めるための法律の委任につき、地方自治法による委任でもよいと考えると、包括的な委任が条例に与えられることになり、事実上、条例で代執行にかかわる義務を創設する途が開かれます。

　条例に基づいて代執行ができるようにするという方向は、条例の実効性を高めるという観点からすると、一応好ましいことであるようにも思われます。ただ、行政代執行法が想定する法律による委任は、元来、個別法による具体的な委任を想定したものですから、この点、解釈として少々強引であることは否めないところがあります。

◆蛇足

　蛇足ですが、宝塚市パチンコ条例事件で問題となった中止命令に基づいて発生する「建築工事中止義務」は、代執行可能な代替的作為義務ではなく、不作為義務とされます。不作為義務は、その性質からして、義務者本人がその気にならないと実現することができません。したがって、この事件で建築工事中止義務を問題にする限り、行政的執行として代執行をする余地はありません。もっとも、条例では原状回復命令を出すことが可能であり、原状回復義務は代替的作為義務と考えられていますので、市長が原状回復命令を出し、かつ、条例に委任する法律が地方自治法でもよいとする見解をとると、この事件でも代執行が可能となります。そのように考えれば、市は苦し紛れに民事訴訟を提起しなくてもよかったといえそうです。

◆代執行の手続

　代執行の手続については、行政代執行法3条に規定があります。

　行政庁が代執行を実施するには、①戒告（3条1項）、さらに②代執行令書の通知（同条2項）という手続を踏んだうえで、それでもなお義務者が任意に義務を履行しないときに、はじめて許されます。

　戒告は、期限までに義務を履行しない場合に代執行を行う旨を義務者に告知することであり、いわば事前の警告にあたります。義務者が戒告にもかかわらず義務の履行をしない場合に、代執行をなすべき時期、執行責任者および費用の概算を文書で通知するのが、代執行令書の通知です。なお、非常または危険切迫の場合には、戒告・代執行令書の通知の手続を経ないで代執行をすることができ（同条3項）、これは緊急執行

と呼ばれます。

　代執行を実施する場合、現場に派遣される執行責任者は、本人であることを示す証票を携帯し、要求があるときは、何時でもこれを呈示しなければなりません（4条）。そして、代執行が行われると、代執行に要した費用の徴収については、実際に要した費用の額およびその納期日を定めて、義務者に対して文書をもって納付を命じなければならないとされます（5条）。義務者が任意に費用を納付しない場合、費用の徴収は国税滞納処分の例によります（6条1項）。

〈代執行の手続〉
1　事前手続……………①戒告
　　　　　　　　　　　②代執行令書の通知
2　代執行の実施………執行責任者は証票携帯・呈示
3　費用の徴収…………①納付命令
　　　　　　　　　　　②国税滞納処分の例により強制徴収

◆行政代執行の機能不全

　行政代執行は、行政が生の実力を行使することなので、手続は慎重にセットされ、その要件は大変厳しいものとなっています。これは、すでに述べたように、行政当局による人権侵害を許してはならないという考えに由来するものです。

　しかし、最近、行政による実力行使をもう少しやりやすくする必要があるのではないかという問題意識が出てきました。たとえば、駅前に大量の自転車やバイクが放置されていても、行政当局はこれを一時的に移動させるという程度のことが、簡単にはできません。廃車費用がかかるため、乗らなくなった自動車が公共の場に捨てられていても、行政にはこれを撤去したり、廃棄することは基本的に許されていません。違法な看板が乱立して交通を妨げていたとしても、簡単には除去できません。結果として、道路や公園が放置物件であふれてしまい、皆が使うという本来の目的が阻害される事態が発生しています。このような事態を少しでも改善するため、個別法レベルで「簡易代執行」という簡便な手続が

認められることもあります。しかし、簡易代執行はいうほど簡易ではないため、実際にはあまり利用されていないようです。行政の機動的な対応を可能にする新しい仕組みが必要とされています。

> **COLUMN**
>
> ## 行政の実力行使
>
> 　未成年者は、タバコ・お酒が禁止されています。これは、未成年者喫煙禁止法（明治33年）、未成年者飲酒禁止法（大正11年）で定められています。ともに非常に古い法律ですが、現在でもちゃんと生きています。規制内容はほぼ同じで、喫煙・飲酒した本人は「未成年者だから」という理由で処罰の対象にはならず、親や業者が処罰されます。
>
> 　処罰の観点とは別に、警察官が、喫煙・飲酒している未成年者を現認した場合に、タバコやビールの缶をとりあげることができるか、という問題があります。未成年者が所持する酒類・器具については、「行政ノ処分ヲ以テ之ヲ没収シ又ハ廃棄其ノ他ノ必要ナル処置ヲ為サシムルコトヲ得」（未成年者飲酒禁止法２条）と規定されています。同趣旨の規定は喫煙についても設けられています。つまり、条文上は、警察官は酒・コップ・タバコ・パイプなどを強制的に没収・廃棄させることができるとされているのです。これは、行政による実力行使であり、一種の即時強制です。
>
> 　ところが、警察当局は、戦後においては行政執行法が廃止された以上、この規定を執行することには疑義があるとして、執行しないこととしています。そのため、実務上は、あくまでも未成年者に「お願い」して物品をとりあげるという運用がなされています。しかし、未成年者が任意に応じるのでなければ警察官は何もできない、というのはいかがなものでしょうか。行政の実力行使について、少々行き過ぎた自己抑制のような気がします。不良少年・不良少女が、警察官の目の前で缶ビールをあおったとしても、おまわりさんは「やめなさいっ」と言い続ける他ありません。こんなことってあるでしょうか。
>
> 　一定の場合には、行政による実力行使を合理的な限度で許容する必要があります。わが国の現在の法制度は、戦前に対する反省が行き過ぎて、「あつものにこりてなますをふく」状態になっているように見えます。

3　直接強制と即時強制

◆**直接強制**

　行政が実力を行使する、最もストレートな態様が「直接強制」です。直接強制とは、義務者の身体または財産に対し直接有形力を行使して、義務の実現を図ることをいいます。代執行では、代替的作為義務のみが対象となりますが、直接強制は、作為義務であろうと、不作為義務であろうと、また、作為義務が代替的か非代替的かにかかわらず、とにかく目的を実力で達成するという場面で使えます。その意味で、直接強制は、行政にとって便利なツールといえます。物を移動する、壊す、人の身体を拘束する等、ほとんど何でもすることが可能です。

　しかし、直接強制は使い勝手が良すぎて人権侵害の危険性が高いという難点があります。旧行政執行法の下でも、直接強制は、代執行や執行罰によって作為・不作為を強制することができない場合、または急迫の事情がある場合でなければ許されないとされていました。現在、直接強制を認める法律は、過激派対策として議員立法で作られた「成田国際空港の安全確保に関する緊急措置法」くらいしかありません。

◆**即時強制による代用**

　ただ、実際には、行政による実力行使を認める必要性が存在します。戦後、新しく直接強制を認める立法が認められなかったので、その必要性を「即時強制」が代替するようになっています。

　即時強制は、義務を課すことなしに実力行使を認めるものです。直接強制は、代執行と同様に、義務の存在を前提としたうえで、その義務を実現するにあたって行政が実力を用いるというものですが、即時強制の場合、義務の存在は前提とされず、いきなり実力が行使されます。普通に考えれば、いきなり実力を行使する即時強制よりは、まず義務を課してから実力を行使する直接強制のほうがマイルドですから、直接強制のほうが好ましいといえます。しかし、現実の行政過程では即時強制のほうが法律が作りやすくなっており、これは大変奇妙なことです。

> **〈直接強制と即時強制〉**
> |直接強制| 義務の実現のために実力を行使する
> |即時強制| 目的達成のために実力を行使する

◆進化する即時強制

　たとえば、平成10年に制定された感染症予防法（感染症の予防及び感染症の患者に対する医療に関する法律）では、都道府県知事は、感染症にかかっていると疑うに足りる正当な理由のある者に対して、職員に健康診断を行わせ（17条2項）、必要があれば入院させることができるとされています（19条3項）。ここで、強制的な健康診断、強制入院は、いずれも即時強制にあたります。かつては、健康診断の受診命令、入院命令を介したうえで強制的な健康診断、入院をさせるという直接強制の仕組みがあったのですが、現在、実力行使は即時強制に組み換えられ、そして、実力行使の前に「勧告」がなされることになりました。直接強制から即時強制に立法が流れていることを示すひとつの例ですが、実力行使を行う前に勧告という事前手続を入れるなど、即時強制は独自の進化を遂げつつあるようです。即時強制は、人の身体に対するものの他、財産に対するものもありますが、後者の例は大変多くなっています。

4　行政罰

◆ GHQ の方針

　行政罰とは、行政上の義務の不履行に対する制裁をいいます。制裁をあらかじめ置いておくことで、義務の履行を間接的に促すことを目的としています。行政上の義務履行確保にあたっては、基本的に行政罰で対応するという GHQ の基本方針の下で、わが国の法制度では、何か問題が起きるとつねに「罰則強化」が言われ、それ以外の義務履行確保の手段は関心の外に置かれてきました。この方針は、戦後における立法についての不文のルールとして、今も強固に妥当しているようにみえます。

　ただ、今日では、行政罰の著しい機能不全が認識されるようになっており、行政罰のあり方についても、根本的な再検討が必要と考えられま

す。

◆**行政刑罰と秩序罰**

行政罰には、行政刑罰と秩序罰の区別があります。

行政刑罰とは、行政上の義務の不履行に対する制裁として、刑法上の刑罰を科すものをいいます。酒気帯び運転は道路交通法という行政法規に反する行為であり（65条1項）、その制裁として、懲役または罰金が用意されています（117条の2第1号）。刑法9条では、死刑、懲役、禁錮、罰金、拘留および科料が刑の種類として定められていますが、行政上の義務違反といえども、刑は刑法犯と同じものが科されるということになります。これは、手続として、刑事訴訟法の定める手続がとられることを意味します。

これに対して、秩序罰は、比較的軽微な行政上の義務違反に対する金銭的制裁です。通常、「過料」の名称が付されますが、駐車違反対策として導入された、比較的新しいタイプの秩序罰には「放置違反金」という名称が付されました。秩序罰は、刑法上の刑罰ではないので、刑事手続とは異なる独自の手続で執行されます。

〈行政罰〉

行政刑罰	刑法上の刑罰（死刑、懲役、禁錮、罰金、拘留、科料）
秩序罰	刑罰以外の制裁（過料、放置違反金）

◆**行政罰の機能不全**

行政罰のうち、行政刑罰は、基本的に刑法犯と同じ手続に則って執行されます。そのため、現実に刑罰権を発動するかどうかは警察・検察当局の判断に委ねられます。従来は、このような扱いが「刑罰の威嚇力」をもたらし、行為者に対する心理的抑止力が働いて行政上の義務履行確保に資すると考えられてきました。

しかし、実際問題として、警察・検察当局は、より重大な犯罪の処理に追われ、軽微な行政犯にまで手が回らないという現状があります。たしかに、殺人、傷害、強盗、放火などの凶悪な刑法犯罪に比べたら、リサイクル業者がテレビを山中に不法投棄したとか、高速道路の料金を踏

み倒したとか、違反建築物であるとして除却命令を受けたのにこれを無視した等々の行政上の義務違反に対する取締りが後回しになってしまうのは、やむを得ないところがあります。ここでの問題は、多様な行政上の義務違反を、刑罰という方法ですべて警察に取り締らせようとするところに無理があるということだと考えられます。各事務を所管する行政セクションが、警察を頼らず、ある程度自分で対応できるような仕組みを考案する必要がありそうです。犯罪捜査とは違うのですから、事務の性質に応じて、よりフットワーク軽く適宜調査に入るなど、必要な対策が適時適切になされることが求められます。

また、秩序罰については、一般には過料が低額に抑えられていることが、違法行為の抑止効果を事実上発揮できない原因とされます。この点も改善が必要です。

◆ダイバージョン

刑罰が過剰であるという問題意識は、かなり以前から存在しています。行政上の義務違反に対する制裁として罰金を置いてしまうと、罰金は行政刑罰ですから、警察・検察当局の任務ということになってしまいます。100万円以下の罰金・科料については、刑事訴訟法上略式手続という手続も設けられているのですが（461条以下）、この手続も必ずしも簡便ではなく、活用されているとはいえません。

こうした事態を受け、制裁として刑罰以外の行政上の仕組みが設けられる場合があります。これを「非犯罪化（ダイバージョン）」と言います。具体例として、道路交通法における反則金制度があります。これは、道路交通法違反行為の中で比較的軽微な定型的違反行為を「反則行為」とし、警察本部長が反則行為者に対して定額の反則金の納付を通告するというものです。反則行為者が任意に反則金を納付すると、刑事訴追がなされないという仕組みになっています（125条以下）。反則金の支払いは任意と説明されますが、反則金を支払わなければ刑事手続に移行するので、背後に控えた刑事罰の存在が、反則金を納付させる間接的な担保になっているということができます。

◆放置違反金

平成16年の道路交通法改正で、駐車違反の取締りが民間委託され、そ

れと同時に「放置違反金」が新たに導入されました。

　放置違反金（51条の４）は、駐車違反車の使用者に対して科される秩序罰で、都道府県公安委員会の納付命令によります。放置違反金は、反則者に対するものではなく、駐車違反として摘発された自動車の「使用者」（法律上の使用者ということなので、所有者と言ったほうがわかりやすいでしょう）に対して、その責任を問うものです。自動車の使用者は、納付命令を受けると放置違反金の支払義務を負います。

　放置違反金の不納付に対しては、強制徴収が認められています（51条の４第14項）。ただ、強制徴収があまり機能しないことを見越して、放置違反金を納付しないと、車検証がもらえないという仕組みが設けられており（51条の７）、これにより、放置違反金徴収の実効性が図られています。自動車重量税や自動車税の不納付があった場合に車検証を交付しないとすることにより、税金の納付を促す仕組みが道路運送車両法にありますが、これをモデルにしたものです。

〈反則金と放置違反金〉
反則金　　　支払義務なし。ただし、支払わないと刑事手続に移行。
放置違反金　支払義務あり。支払わないと車検証が返付されない。

◆**千代田区のポイ捨て条例**

　平成11年の地方自治法改正により、地方公共団体は、条例または規則で５万円以下の「過料」を科すことができるようになりました。条例違反行為に対しては何らかの制裁を用意しておくことが必要ですが、従来は罰則しかありませんでした。しかし、罰則の適用が必ずしもスムーズにいかないので、過料を制裁として定めることができるようにされたものです。過料であれば、過料を科すかどうかについて、地方公共団体自身が決めることができます。地方公共団体の長が過料を科すには、事前に相手方に対して告知・弁明の機会を付与することが必要です（255条の３第１項）。指定期限までに納付がなされない場合には強制徴収も可能です（231条の３第１項・３項）。

　東京都千代田区では、全国に先駆けて歩きタバコを禁ずる条例を制定

し、路上禁煙区域において喫煙した者について過料を科すこととし、実際にこれを執行して、話題を呼びました。ただ、過料を徴収するための経費のほうが、かさんでいるということです。

第12章 行政による規範定立

POINT

① 規範の定立は、国会だけでなく、行政機関、裁判所も行う。
② 行政機関の定立する規範には、法規命令と行政規則がある。しかし、現在ではその区別は相対化している。
③ 法規命令には、執行命令と委任命令がある。委任命令には問題が多い。
④ 行政規則には、解釈基準（解釈通達）、審査基準、処分基準、行政指導指針の区別がある。
⑤ 平成17年に行政手続法が改正され、命令等に対する意見公募手続が導入された。

★キーワード
行政国家現象、白紙委任、告示、通達、意見公募手続

1 序論

◆行政、裁判所による「立法」

　素朴な三権分立モデルからすると、法規範を制定するのは国会の仕事です。憲法41条は国会が「唯一の立法機関」であると定めていますから、法律を制定するのは国会であり、行政の仕事は「法律の執行」ということになります。

　しかし、少し詳しく国家機関の任務を見てみると、国会だけが法規範を制定するという理解は、正しくありません。行政は「命令」という名称の規範を制定しますし、裁判所は「規則」という名称の規範を制定します。憲法73条は、内閣の職務として、法律を実施するために「政令」を制定することを掲げていますが、政令とは内閣が制定する法規範であり、命令の代表的なものです。また、憲法77条は、最高裁判所が規則制定権を有することを認めています。何のことはない、3つの国家機関のすべてが何らかの法規範を定立しており、それは憲法に明文で書かれて

いることなのです。

> 〈さまざまな法規範〉
> 国会が定める代表的な規範…法律
> 行政が定める代表的な規範…命令（政令、内閣府令、省令、規則など）
> 裁判所が定める代表的な規範…規則

◆行政立法、行政基準

　従来、行政機関によって定立される規範については、「行政立法」という用語が使われてきました。しかし、最近は、これに代えて「行政基準」という表現が使われることが多くなっています。行政立法という言葉は、行政による立法という意味ですが、行政と立法が無造作にドッキングされているので、用語としてはイマイチですし、何より古い感じがします。そこで、本書では、「行政基準」という言葉を使っていくことにします。

　行政基準は、内容によって2種類に区別されます。国民の権利義務に関わる行政基準を「法規命令」といい、行政内部で用いられる基準で、国民の権利義務に関わらない行政基準を「行政規則」といいます。これは理論上の区別であり、伝統的に、法規命令と行政規則とは全く性質が異なるものと理解されてきました。

2　伝統的な区分

◆法規命令と行政規則

　法規命令は、これを制定する組織によってそれぞれ異なる名称がつけられています。たとえば、内閣が制定する規範は政令、内閣府の規範は内閣府令、省の規範は、経済産業省令、財務省令、農林水産省令、国土交通省令、総務省令などとなります。その他、会計検査院や人事院などの独立機関や、金融庁、特許庁、国家公安委員会などの省の外局が定める規範には、規則という名称が与えられています。なお、日常用語として、個別具体的な行為を命ずるという意味で「命令」という言葉が使われますが、これは「行政行為」としての命令に分類されますので（➡第

7章)、行政基準としての「命令」とは全く異なるものである点に注意して下さい。

　法規命令は、「法規」に関わります。法規とは、国民の権利を制約し義務を課す規範のことをいいます。「法律による行政の原理」は、少なくとも法規事項については法律で定めることを要求しますから、行政が法規に関わる規範を勝手に設けることはできません（➡第6章）。そのため、行政が法規命令を制定する場合には、法律に根拠を有することが憲法上要求されます。

　これに対して、行政規則は、簡単にいえば、行政の内部基準、マニュアルです。行政実務上、行政規則には、通達、訓令、通知など、さまざまな名称がつけられています。行政規則は、理論上はあくまでも内部基準であり、国民の権利義務に法的な影響を与えるものではありません。従って、「法律による行政の原理」とは関わりがないとされます。行政規則の策定には法律の根拠は不要ですから、基本的に行政の自由に任されます。

◆**伝統的な峻別論**

　これまで、法規命令と行政規則の性質は全く異なる、と説明されてきました。法規命令は、法律に並ぶ「正規の規範」なので（たとえば、法令違反という場合の「令」とは、命令のことを指します）、行政にとって重い存在です。法規命令は、法規に関わることを規定しますから、「法律による行政の原理」が働きます。これに対して、行政規則は行政内部において通用するにとどまる「内部ルール」であり、「法律による行政の原理」の関心の外に置かれます。行政規則は、国民との関係では非公式の規範にすぎないので、わざわざ法律でコントロールするようなものではないと考えられたことによります。裁判所の審査も、法規命令については及びますが、行政規則については基本的に及びません。裁判所は違法の問題が生ずる場合に判断するだけなので、行政規則に違反する行政活動は、規則違反ではあっても法律違反ではないからです。

> 〈行政基準の区分〉
> 法規命令：国民の権利義務に関わる規範
> 行政規則：国民の権利義務に関わらない規範

◆**法規命令と行政規則の相対化**

　しかしながら、法規命令も行政規則も、ともに行政が定立した規範であるのに、両者の扱いにあまりにも大きな差があるというのは不合理です。とくに行政規則であれば行政のやりたい放題が許され、裁判所の審査も及ばないというのでは、困ってしまいます。というのは、行政規則は、形式的には行政の内部的なマニュアルにすぎず、国民に対して法的影響を及ぼすことはないのですが、実際には、法律や法規命令に勝るとも劣らない大きな影響力を事実上持っているからです。そこで、今日では、法規命令と行政規則を峻別する伝統的な考え方に対して疑問が呈されています。これが、近年の理論状況です。

　そして、平成17年の行政手続法の改正で、「命令等」の策定過程について、意見公募手続が新設されました。ここで、「命令等」とは、①法律に基づく命令・規則、②審査基準、③処分基準、④行政指導指針とされています（2条8号）。①は法規命令、②〜④は行政規則に分類されるものです。法規命令と行政規則の策定について同一の手続が要求されるということになりますが、これは、行政規則が単なる内部基準ではないことが法律レベルでも承認されたということに他なりません。この法改正は、「法規命令と行政規則の相対化」を法律レベルで後押しするものということができます。行政手続法改正により、行政基準論は、新しい段階に入ったといえるでしょう。

3　法規命令

(1)　法規命令の種類

◆**独立命令は認められない**

　法規命令には、①独立命令、②執行命令、③委任命令の3種類があります。独立命令とは、立法府である議会とは関係なく行政機関が制定す

る命令をいいます。明治憲法下においては、天皇は帝国議会と無関係に独自に命令を出すことができました。天皇の独立命令や緊急勅令がこれにあたります。

しかし、現憲法の下では、国会が「唯一の立法機関」(41条)ですから、行政機関が法規命令を独自に定立することはできません。現在、行政機関に許されているのは、法律の執行に必要な細則を定める場合（これを「執行命令」といいます）と、法律がとくに委任した場合（これを「委任命令」といいます）に限られます。

〈法規命令の種類〉
① 独立命令…憲法違反
② 執行命令…法律を執行するために制定される命令
③ 委任命令…法律の委任を受けて制定される命令

◆執行命令および委任命令

執行命令とは、法律を具体的に実施するために必要な細目的事項を定める命令をいいます。法律を執行するために定立される規範ですから、法律があることが前提となります。○○法施行規則のような名称がつけられていることが多いようです。行政の最も基本的な任務は、「法律の執行」ですから、法律を執行するために必要な事項を定めることは行政活動そのものといえます。憲法が、内閣の職務として「法律の規定を実施するために、政令を制定すること」(73条6号本文)を掲げているのは、そのような趣旨です。

問題が多いのは、委任命令です。

そこで、項を改めて、少し詳しく説明することにしましょう。

(2) 委任命令の問題
◆行政国家現象のシンボル

委任命令とは、法律の委任を受けて行政機関が制定する命令をいいます。委任命令は、執行命令とは異なって、細かいことを定めるとは限りません。本来国会が法律で定めるべき事柄を、委任を受けて、国会に代

わって行政機関が命令で定めるという図式になります。行政権の肥大化という現象は現代国家にみられる顕著な特徴ですが（行政国家現象）、規範の定立についても議会ではなく、行政府が実質的に行う傾向が見られます。委任命令の増大は、行政国家現象のシンボル的な問題ということができます。

委任命令では、①法律の委任の仕方をめぐる問題と、②委任を受けた命令の作り方の問題が区別されます。

〈委任命令の問題〉

① 法律の委任の仕方をめぐる問題
② 委任を受けた命令の作り方の問題

◆法律の委任の仕方をめぐる問題

国会は「唯一の立法機関」ではあるのですが、それは国会が法規事項のすべてを自ら定めなければならないということまでは意味しません。国家の事務は膨大ですから、そのようなことは実際上不可能ですし、専門性の高い事項や政治的中立性の要求される事項など、国会よりも行政機関に委ねるほうが適切な事務が存在します。そのため、行政機関に規範の定立を委任することが広く行われています。憲法73条6号但書では、「政令には、特にその法律の委任がある場合を除いては、罰則を設けることができない」と規定されていますが、これは裏を返すと、「法律の委任があれば政令で罰則を設けることができる」ということです。罰則は最も重要な法規事項であり、罰則についてすら委任命令が許されるとするなら、罰則以外の一般的な法規事項について、法律の委任を受けて行政が命令を定めることは、憲法も許容していると解釈されています（このような解釈方法を「もちろん解釈」といいます）。

とはいえ、憲法上、立法任務は国会が果たすべきものとされている以上、国会が当該任務を行政機関に「丸投げ」するようなことが許されないのは、当然です。そこで、委任命令が憲法上許容されるとしても、委任は個別・具体的でなければならず、「白紙委任」は許されないと考えられています。

白紙委任ではないかが問題となった有名な法律規定として、国家公務員の政治的行為の禁止に関わる国家公務員法102条1項があります。この条文では、「職員は、……選挙権の行使を除く外、人事院規則で定める政治的行為をしてはならない」とされています。一見してわかるとおり、法律では、包括的に「人事院規則で定める政治的行為」を禁止しており、個別・具体的な委任はどこにも見あたりません。しかも、これには懲役または罰金という罰則もついていますから（110条1項19号）、罪刑法定主義の見地からも問題があります。

　最高裁はこの規定を合憲とし（最判昭33・5・1刑集12巻7号1272頁、最大判昭49・11・6刑集28巻9号393頁）、最近も、この規定が「白紙委任に当たらないことは明らか」と述べています（最判平24・12・7判時2174号32頁）。しかしながら、条文を素直に見る限り、白紙委任であるといわざるを得ないでしょう。このような法律が放置されたままになっているのは、立法府の怠慢という他はありません。

◆委任を受けた命令の作り方の問題

　委任命令についてのもうひとつの問題は、法律が個別・具体的な委任をしているにもかかわらず、委任にそぐわない命令を行政機関が策定した場合にどうするかということです。法律の委任を受けて実際にどのような命令を作るかについては、行政機関に一定の裁量があると考えられますが、策定された命令が委任の趣旨に反していれば、そのような命令は法律違反として無効となります。これは、「法律による行政の原理」の当然の帰結です。

　近年、命令の違法性が問題となるケースは少なくありません。たとえば、医薬品ネット販売をめぐり、一部医薬品のネット販売を禁止した省令が、薬事法（現・医薬品・医療機器等の品質、有効性及び安全性の確保等に関する法律）の趣旨に適合しないとして違法とされたものがあります（最判平25・1・11判時2177号35頁）。事案は、もともと医薬品のインターネット販売を適法に行っていた事業者が、法律改正に伴って施行規則（省令）が改正され、施行規則上はインターネット販売が禁じられることになったものの、法にはそのような規制が必ずしもないとして、インターネット販売ができる法律上の権利・地位の確認を求めたもので

す。最高裁は、結論として、当該規則が法律の委任の範囲を逸脱していると判断しました。

(3) 執行命令と委任命令の区分け
◆執行命令と委任命令の見分け方
　執行命令と委任命令は、概念上の区別は明瞭なのですが、実際の条文を見ると、そのどちらに属するのかが不明確な場合が少なくありません。

　たとえば、都市計画法17条1項では、都道府県または市町村が都市計画を決定しようとするときは、あらかじめ「国土交通省令」で定めるところによりその旨を公告すべきこととしています。これを受けて、都市計画法施行規則10条は、公告すべき事項について、都市計画の種類、都市計画を定める土地の区域、都市計画の案の縦覧場所の3つを掲げています。都市計画を公告すべきことは法律で決まっていて、公告すべき具体的内容が命令で定められていることがわかります。都市計画法では「国土交通省令」とされている規範が執行命令であり、実際の名称が「都市計画法施行規則」となっています。施行規則という名称も手がかりのひとつですが、条文を読むと、細かいことを国土交通省令で定めるよう求められていることから、この省令は執行命令の典型例といってよいでしょう。

　これに対して、児童扶養手当法では父母が婚姻を解消した児童、父が死亡した児童など、法が列挙する児童を母が監護する場合、当該母に児童扶養手当が支給されますが（4条1項1号イ～ニ）、どのような児童が対象となるかについて、同号ホでは「その他イからニまでに準ずる状態にある児童で政令で定めるもの」という文言があり、これを受けて「児童扶養手当法施行令」が制定されています。こちらのほうは、児童扶養手当の対象となる児童をどこまで広げるかが問題となっていて、その規定内容はもはや単純な細則とはいえません。そうすると、「政令で定めるもの」という文言は、行政機関に命令の策定を委任していると見るのが妥当ということになり、この施行令は委任命令であるということになります。法律の規定は、「○○について委任する」というような、

第12章　行政による規範定立　179

ストレートな書き方になっていないので、個別に法律を解釈する必要があります。

以上を前提に、教科書検定制度を素材として、さらに執行命令と委任命令の関係を考えてみましょう。

◆**教科書検定の根拠**

学校教育法では、小・中・高等学校においては、文部科学大臣の「検定を経た教科用図書」を使用しなければならないと定められています（34条、49条、62条）。法律の規定は、基本的にそれだけです。このきわめてシンプルな規定を根拠に、文部科学省令として「教科用図書検定規則（検定規則）」、文部科学省告示として「教科用図書検定基準」が策定されています。これが、ときどきマスコミでも話題になる「教科書検定」の制度的根拠です。

ここで、検定規則は執行命令です。学校教育法には、「この法律施行のため必要な事項で、地方公共団体の機関が処理しなければならないものについては政令で、その他のものについては文部科学大臣が、これを定める」という規定があり（142条）、文部科学大臣が広く執行命令を制定し得ることが明示されています。検定規則では、検定手続に関することが定められていますが、教科書の内容に関わる肝心の検定基準については、検定規則3条で、「文部科学大臣が別に公示する教科用図書検定基準の定めるところによる」とされているのみです。文部科学大臣は、自ら定めた検定規則に基づいて詳細な検定基準を告示の形で決めているということになります。ここで、告示とは、行政機関の意思決定や一定の事項を国民に周知させるための形式をいいます。

◆**前近代的な制度設計**

教科書は学校教育における基本的なアイテムであり、成長過程にある生徒にとって重要な意味を持ちます。教科書をどのようなスタンスで作成し、教科書に具体的にどのような内容を盛り込むべきかは、国民的な関心事項でもあります。したがって、教科書に対する検定のあり方、基本的な検定方針については、本来、法律があらかじめ定めておくのが筋であると考えられます。そうだとすると、教科書の内容を左右する検定基準の策定を行政機関に委ねる場合には、少なくともその旨の明示的な

委任が必要というべきでしょう。

ところが、現在の教科書検定制度は、前述のとおり、法律では単に学校で文部科学大臣の検定を経た図書を使用するということしか書かれていません。そして、この法律の「執行命令」という体裁で文部科学大臣が検定基準を定めるとされています。そこには、何らの法律上の指示も見当たりません。本来、委任命令によって定められるべき事項が、執行命令で定められてしまうと、法律による委任という縛りがかからないことになり、行政機関は事実上好きなように制度を構築することが可能になってしまいます。教科書検定については、検定内容の是非を論ずる以前に、その制度の作られ方に問題があります。学習指導要領についても同様の問題があるところです。

4　行政規則

(1)　通達の事実上の効果
◆解釈通達

行政規則の代表的なものに、通達があります。行政実務上、通達にはさまざまなものがありますが、その中で、法律の解釈を示す「解釈通達」と呼ばれるものは、古くから承認されています。

行政が法律を執行するにあたり、法律解釈が複数あり得る場合、統一のとれた責任ある行政を展開するには、あらかじめ特定の解釈を決めておく必要があります。そこで、上級行政機関は、指揮監督権の一環として、法律の解釈基準を定立することができ（内閣府設置法7条6項、国家行政組織法14条2項）、下級行政機関および職員はこれに拘束されます。たとえば、税務行政においては膨大な解釈通達が出されていますが、その影響力はとても大きく、その実態は法治行政というより「通達行政」であるといわれたりします。

◆部長通達のインパクト

昭和23年に制定された「墓地、埋葬等に関する法律」という法律があります。この法律では、火葬は火葬場で行わなければならない、埋葬は墓地に行わなければならないなどの他、墓地の経営について規定が置かれています。墓地の経営には都道府県知事の許可が必要であり（10条1

項)、墓地の経営者は、埋葬等の求めがあったときは「正当の理由」がなければこれを拒んではならないとされています(13条)。

　墓地経営者には、事柄の性質上、寺院がその割合の多くを占めていますが、墓地は単に宗教的な意味を持つだけではなく、公衆衛生的な配慮も要請されます。墓地のキャパシティは限られているため、墓地経営者が正当な理由もなく埋葬を拒否すれば、罰金等が科せられることになっています(21条1号)。これは、墓地経営という営業の自由に対する「公共の福祉」の見地から課せられる規制です。

　墓地経営者にとってみると、申し込みを断ることのできる「正当の理由」がどういうものであるかは重大な関心事項であり、寺院が墓地経営者である場合、宗派が異なる人を受け入れるかどうかは、ときに深刻な問題となります。この法律が制定されて間もない昭和24年に出された通達では、異宗徒の埋葬を拒否する余地が認められていました。ところが、昭和27年に宗教法人となった新興宗教団体と既存の宗教団体との間に激しい対立が生じます。その結果、全国の寺院で、対抗関係にある宗教団体関係者の埋葬が拒否されるという事態が起きます。

　このような状況を受けて、昭和35年に厚生省公衆衛生局環境衛生部長が全国の各都道府県指定都市衛生主管部局長に対し通達を出し、依頼者が他の宗教団体の信者であることのみを理由として埋葬を拒むことは「正当の理由」として認めない、という解釈を示しました。法律は何も変わっていませんが、通達によって法律の運用は大きく変わることになったのです。そこで、この通達を受けて、真言宗のある寺院が、これでは異宗徒の埋葬が刑罰をもって強制されると主張して、通達の取消しを求めて訴訟を提起しました。

◆**最高裁のロジックとその問題点**

　提起された訴訟は、「取消訴訟」というもので、行政事件訴訟法3条2項に規定があります。取消訴訟は、「処分」の取消しを求めるものなので、訴えの前提として、通達が「処分」であるということがいえなくてはなりません。通達は事実上の効果しか持たないことから、その処分性が問題となりました。

　この点について、最高裁は、通達の処分性を否定し、訴えそのものを

認めませんでした（最判昭43・12・24民集22巻13号3147頁）。最高裁は、通達は、上級行政機関が下級行政機関・職員に対してその職務権限の行使を指揮するために発するものであり、それは「行政組織内部における命令」にすぎず、これらを拘束することはあっても、「一般の国民」は直接これに拘束されないとします。

　通達は行政規則ですから、理論的には行政内部の基準・マニュアルにすぎません。解釈通達も、行政内部での解釈を統一するためのものなので、一般の寺院が通達によって特定の解釈を法的に強制されるということはあり得ません。それは、最高裁の指摘するとおりです。しかし、問題は、その先にあります。寺院にとってみると、通達が出されることにより法律の運用は劇的に変わります。昭和35年の通達以前は、異宗徒であることを理由に埋葬を拒否することができましたが、通達以後同じように埋葬を拒否すれば、罰金等が科されるおそれがあります。通達の事実上の影響力は甚大であり、通達による法律運用の変化は、法律そのものが改正されたのと実質的には変わらないのです。その部分をどう評価するかが問われており、最高裁はこの点に答えていません。

◆ **行政規則論の課題**
　行政規則をめぐる問題は、行政規則が法的影響を及ぼすものではないという「理屈」と、実際にはそれが強い影響を及ぼし得るという「現実」のギャップをどう処理するか、というところにあります。通達の事実上の効果に配慮して、ダイレクトに通達を裁判で争えるようにしたらいいじゃないかという気もしますが、話はそう簡単ではありません。もっとも、平成16年に行政事件訴訟法が改正され、処分性がない行政の措置について公法上の当事者訴訟を利用する途が開かれることになりましたので、現在は取消訴訟にこだわる必要性は必ずしもなくなっています（➡第14章）。

(2)　行政手続法上の分類
◆ **審査基準、処分基準、行政指導指針**
　行政手続法では、行政規則として、①審査基準、②処分基準、③行政指導指針があげられています。

> **〈行政手続法に規定される行政規則〉**
> ① 審査基準
> ② 処分基準
> ③ 行政指導指針

①審査基準

　行政手続法は、申請に関する処分について、行政庁が「審査基準」を定めるものとしています。審査基準とは、「申請により求められた許認可等をするかどうかをその法令の定めに従って判断するために必要とされる基準」と定義されています（2条8号ロ）。そして、審査基準は、許認可等の性質に照らしてできる限り具体的なものとしなければならず、原則として公にしておかなければならないとされます（5条3項）。私人が許認可の申請をしようとする場合、自分が果たして許認可を得られるのかどうか気になるところですが、審査基準があらかじめ公表されていれば、申請をしようとする者には予測可能性が与えられ、その者にとって便宜ですし、行政の透明性も確保されることになります。

②処分基準

　不利益処分については、「処分基準」を定めるものとされます。処分基準とは、「不利益処分をするかどうか又はどのような不利益処分とするかについてその法令の定めに従って判断するために必要とされる基準」と定義されています（2条8号ハ）。処分基準も、不利益処分の性質に照らしてできる限り具体的なものとしなければならないとされます。ただ、公表については、「公にしておくよう努めなければならない」とされ、公表努力義務にとどめられています（12条1項）。不利益処分は多様なので、処分基準を一律に公表すべきであるとすると不都合な場合があることから、このような扱いになっています。

③行政指導指針

　行政指導の基準については、行政手続法が「行政指導指針」の名称を与えています。そこでは、「同一の行政目的を実現するため一定の条件に該当する複数の者に対し行政指導をしようとするときにこれらの行政

指導に共通してその内容となるべき事項」と定義されています（2条8号ニ）。行政指導指針も、特別の支障がない限り、公表する義務があります（36条）。

◆内部基準を公表する意味

　審査基準、処分基準および行政指導指針は、いずれも理論上は行政規則に分類されます。行政規則は行政の内部基準ですから、もともとは公にすることを予定しているものではありません。しかし、行政手続法はこれらをできるだけ公表する方向に促しており、こうした扱いが定着してくれば、行政規則を純然たる内部基準とみることは必ずしも適当ではなくなってきます。行政規則が、法規命令と並ぶ「正規の規範」に近づいている現象と理解されます。

5　命令等に対する意見公募手続

◆平成17年の行政手続法改正

　平成17年に行政手続法が改正され、命令等の制定手続に関する一般ルールが法定されました。ここでは、命令等に関する一般原則と、命令等の制定手続として意見公募手続が新設されています。この手続の対象は「命令等」ですが、その具体的な内容は、法律に基づく命令（処分の要件を定める告示を含む）・規則、審査基準、処分基準、行政指導指針と定義されており（2条8号）、そこには法規命令に加えて、行政規則に分類されるものも含まれています。伝統的な議論では、法規命令と行政規則が峻別されてきましたが、法律上は両者が同一の手続によって策定されるということです。これは、法規命令と行政規則の相対化を決定づけるという意味で、画期的なことといえます。

◆一般原則

　命令等を定める機関を「命令等制定機関」といいます。命令等制定機関が命令等を定めるにあたっては、当該命令等がその根拠となる法令の趣旨に適合するものとなるようにしなければならないとされています（38条1項）。

　委任命令が法律の委任の趣旨に反してはならないということは、すでに述べました。法律との関係では、執行命令・委任命令を問わず、また、

行政規則を策定するにあたっても、上位規範である法律の趣旨に適合しなければならないということです。法律による行政の原理からすれば、下位規範が法律に適合的であるべきことは当然の要請であるといえます（このことを「法律の優位」といいます）。

◆意見公募手続

命令等制定機関は、命令等を定めようとする場合には、次のような手順を踏まなければならないとされています（39条以下）。

〈意見公募手続のプロセス〉

① 命令等の案、関連資料の公示
② 一般の意見、情報の公募
③ 提出された意見・情報の考慮
④ 結果の公示

法規命令のみならず、行政規則についても、このようなオープンな手続が整備されたことにより、行政による規範定立は新たな段階に入ったといってよいでしょう。

第4編

行政救済法

第13章 行政不服審査法

> **POINT**
> ① 行政不服審査は、裁判よりも手軽にできる権利救済手続であり、メリットも少なくない。
> ② 平成26年に行政不服審査法が52年ぶりに全面改正され、公正性および利便性の向上に資する改正が行われた。
>
> ★キーワード
> 簡易迅速かつ公正、審理員、行政不服審査会

1 行政不服審査の特徴

◆簡易迅速かつ公正な救済

　国民の権利利益を救済する仕組みには、行政によるものと裁判によるものがあります。「法律による行政の原理」の最終的な担保主体は裁判所ですが、裁判による救済はどうしても手間隙がかかります。第三者としての裁判所の場合、両当事者の主張について公平に審判するため、慎重な訴訟手続にのっとった審理が要求されます。したがって、その判断に時間とコストがかかるのは、ある意味でやむを得ないことです。しかし、行政処分に不満を持つ当事者としては、一刻も早く救済を得たいですし、費用も安くすめば、それに越したことはありません。そこで、簡易迅速な救済をモットーに、行政上の救済手続が設けられています。行政不服審査は、その代表的な仕組みです。

　行政不服審査法（行審法）は、昭和37年に制定された法律ですが、平成26年に52年ぶりに全面改正され、「公正さ」の要素が新たに加味されて、手続全体の現代化が図られました。その1条では、「国民が簡易迅速かつ公正な手続の下で広く行政庁に対する不服申立てをすることができるための制度」と規定されています。そして、その目的は、①国民の権利利益の救済を図ること、②行政の適正な運営を確保することの2つ

が掲げられます。

> 〈行政不服審査法の目的〉
> ① 国民の権利利益の救済
> ② 行政の適正な運営の確保

◆不当な処分も審査できる

　行政不服審査のメリットは、簡易迅速かつ公正というだけではありません。裁判所と違って、当・不当の判断もしてくれるという点に、大きな特徴があります。

　裁判所はあくまでも法律適合性を審査する機関なので、その判断は適法か違法かに限られます。行政裁量がある場合には、行政庁の裁量権行使に逸脱・濫用があり、違法と認められるときに限って処分を取り消すことができます（行訴法30条➡第８章）。しかし、国民にしてみると、行政が違法でないのは当然として、法律の枠の中で最も合理的な行政処分をしてほしい、という要求があります。ある処分がベストの選択肢であるか、セカンド・ベストにとどまるかという問題は、通常、裁量領域に入ってしまいます。そのようなとき、よりましな処分ができないのかという形で処分の当・不当を争うとすれば、国民としては行政不服審査をするしか手段はありません。

　行政不服審査は行政内の手続ですから、審査する者は行政側の内情がよくわかっています。行政としては、不服申立てを受けた場合には、本当にこの処分で良かったのかを自問自答し、再考・熟慮したうえで、処分を変更するなり、取り消すなり、やり直すなり、柔軟な対応をとることが可能です。このメリットが真の意味で生かされると、行政不服審査が国民にもたらす便益は非常に大きいと考えられます。

◆あまり使われないわけ

　ところが、残念なことに、一部の分野を除いて行政不服審査はあまり利用されているとはいえないのが実情です。その理由はさまざまですが、国民の中に行政に対する強い不信感があることが、ひとつの原因です。行政が妙な処分をし、これに対して文句を言いたいと考える人は、

可能であれば、直ちに裁判所に出訴してしまいます。その前提には、行政に不服を申し立てたところで、どうせ「同じ穴のむじな」だろう、という思いがあるようです。

たしかに、行政による審査ですから、独立した第三者による審査に比べると、公正さという点で見劣りするところはあります。ただ、使いようによっては、その弱点を補って余りあるメリットを受ける可能性もあるのです。また、何より、裁判所に出訴したからといって、満足のいく審査をしてもらえるとは限らないという、厳しい現実があります。国民がもう少し気軽に不服審査を利用するようになると、相乗作用で、行政不服審査も存在感を増していくかもしれません。

2　平成26年全面改正のポイント

平成26年の行審法全面改正により、今後、行政不服審査が多少でも有効に機能していくようになることが期待されます。この改正法のポイントは、①公正性の向上と、②利便性の向上、に大きく分けることができます。以下、簡単に説明しましょう。

◆公正性の向上

行政不服審査は、行政自身が、自らの行為を審査するという仕組みです。もっとも、自分のやったことを漫然と自分で見直すというのでは、審査がおざなりになるおそれがあります。そこで、この改正法では、審査庁を原則として最上級行政庁にするとともに、審査を担当する職員について一定の要件を定め、処分に関与した職員は審査にあたることはできないようにするなどして、これをとくに「審理員」として審査庁が指名することとしました。審査手続は、審理員を中心に進められ、また、審査請求人には、処分庁等への質問権が明文化されたこと（31条5項）、資料の閲覧・コピーが認められるようになったこと（38条）が特筆されます。審理員は「審理員意見書」をとりまとめ、その提出を受けて審査庁が最終判断をすることになります。

もうひとつ、公正性の向上に寄与することが期待されているのが、第三者機関に対する諮問手続の導入です。国の場合は「行政不服審査会」が総務省に、地方公共団体の場合には同様の第三者機関が執行機関の附

属機関として、それぞれ置かれます。法文上は、審査庁は審理員意見書の提出を受けると、原則として第三者機関に諮問しなければならないという書きぶりになっていますが（43条1項本文）、審査請求人が諮問を希望しなければ諮問を要しないという例外が認められており（同条1項4号）、実質的には諮問手続は選択制となっています。

○　審査請求の仕組み

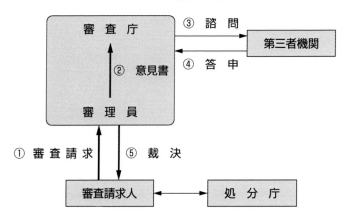

◆**使いやすさの向上**

　ユーザーの利便性の向上に資する改正としては、不服申立期間が60日から3ヶ月に延長されたこと、不服申立てが基本的に審査請求に一元化されたこと、標準審理期間が設定されるなど迅速な審理に配慮されていること、不服申立前置が見直されたことなどがあげられます。このうち、不服申立前置というのは、処分の争い方につき、不服申立てを経てからでなければ訴訟を提起することができないというルールが個別法に置かれている場合があり、このような規制が96法律あったところ、68法律でそれが廃止・縮小されたということです。不服申立前置の根拠規定は、行審法ではなく、行政事件訴訟法8条1項但書にあるため、厳密にいえば行審法改正の問題ではないのですが、行政不服審査のあり方に密接に関わる重要課題であるとして、平成26年の改正にあわせて見直されることになったものです。

第14章 行政事件訴訟法

POINT

① 裁判的救済には原状回復と金銭的救済があり、行政事件訴訟法は救済の本則である原状回復に関わる。
② 平成16年の法改正により抗告訴訟のメニューが増え、義務付け訴訟と差止訴訟が新設された。
③ 平成16年の法改正により当事者訴訟の積極的利用が促され、当事者訴訟は救済の受け皿として機能を果たしている。
④ 取消訴訟の訴訟要件のうち、原告適格については、その実質的拡大が図られた。
⑤ 平成16年の法改正後、改めて取消訴訟と当事者訴訟の振り分けが問題になり得るが、両者を択一関係と解するのは、改正法の趣旨にそぐわない。

★キーワード
抗告訴訟、当事者訴訟、確認の利益、キャッチボール

1 行政事件訴訟の全体像

◆原状回復と金銭的救済

違法な行政活動が行われて国民の権利が侵害された場合、その救済がなされなければなりません。これは、「法律による行政の原理」の中核的な要請です。救済の内容には、大きく分けて、原状回復による救済と金銭による救済の２種類があります。

原状回復による救済は、違法な行政によって国民の権利が侵害された場合に、違法な行政がなされる前の状態に戻すことで権利を回復させることを意味します。元に戻すので、「現状回復」ではなく、「原状回復」と表現されます。救済の本則からいうと、原状回復が最も直截的な救済であり、その内容を具体的に定めるのが、行政事件訴訟法（行訴法）です。

これに対して、原状回復が困難な場合はもちろん、原状回復がなされたとしても、事実として違法な行政活動が行われたことによって種々の不利益が生じます。こうした不利益は金銭的に評価したうえで、それに見合った賠償がなされる必要があります。金銭的救済は、原状回復と並んで重要なものです。この点に関わるのが、国家賠償法です（➡第15章）。

◆行政事件訴訟の4類型

行政事件訴訟は、本来救済の中心であるべきものですが、戦後長い間、これが深刻な機能不全に陥っていたことは、すでに述べました。こうした事態を改善するために司法制度改革が行われ、平成16年に行訴法が改正されました（➡第4章）。

行政事件訴訟として、4つの訴訟類型（抗告訴訟・当事者訴訟・民衆訴訟・機関訴訟）が定められています（行訴法2条）。

〈行政事件訴訟の4類型〉
① 抗告訴訟
② 当事者訴訟
③ 民衆訴訟
④ 機関訴訟

◆抗告訴訟

抗告訴訟とは、「行政庁の公権力の行使に関する不服の訴訟」をいいます（行訴法3条1項）。争う対象は「公権力の行使」であり、争う趣旨は、「それに対する不服」ということです。「お上に文句をいう訴訟」と理解しておけばよいでしょう。いかにも行政訴訟らしい類型です。

「公権力の行使」という概念は、ちょっと考えればわかるように、難解で抽象的な概念です。これまでさまざまな論争がなされてきましたが、「概念の迷路」に陥らないよう注意する必要があります。その種の議論が好きな人もおられると思いますが、ここでは、さしあたり、「公権力の行使」＝「行政処分」＝「行政行為」とシンプルに捉えておくこととします。

抗告訴訟には、次の6種類があります。

〈抗告訴訟の類型〉

① 処分の取消訴訟
② 裁決の取消訴訟
③ 無効等確認訴訟
④ 不作為の違法確認訴訟
⑤ 義務付け訴訟
⑥ 差止訴訟

　6種類の抗告訴訟のうち、①から④までは昭和37年の行訴法制定当時からあったものです。平成16年の法改正で、⑤義務付け訴訟と⑥差止訴訟が新たに抗告訴訟のメニューに加えられました。

◆当事者訴訟

　抗告訴訟と並ぶ主要な訴訟類型として、当事者訴訟があります（4条）。抗告訴訟が公権力の行使に対して不服を述べる訴えであるのに対し、当事者訴訟は権利義務関係を争う訴えであり、公権力の行使と直接関わるものではありません。国と国民、地方公共団体と住民というように、法的主体（当事者）間における法律関係が争点となることから、「当事者」訴訟と呼ばれます。「公法上の法律関係」が問題となる点で、「私法上の法律関係」が問題となる民事訴訟と異なります（➡第2章）。

　当事者訴訟には、形式的当事者訴訟と実質的当事者訴訟があります。形式的当事者訴訟は、形式的には当事者訴訟とされますが、実質的には抗告訴訟というべき類型です。4条前段では、「当事者間の法律関係を確認し又は形成する処分又は裁決に関する訴訟で法令の規定によりその法律関係の当事者の一方を被告とするもの」と規定されています。法令の規定によってとくに当事者訴訟とされている点がポイントです。具体的には、土地収用に関する収用委員会の裁決について、損失補償額に争いがある場合、土地所有者と起業者の間で争わせる仕組みがあります（土地収用法133条3項）。実質的に争われているのは、収用委員会の裁決という行政処分なのですが、損失補償については金銭授受を行う当事者間で決着させるのが合理的であるとして、当事者訴訟とされたものです。

これに対して、実質的当事者訴訟は、名実ともに当事者訴訟というべきものです。4条後段で、「公法上の法律関係に関する確認の訴えその他の公法上の法律関係に関する訴訟」と規定されています。当事者訴訟と公法・私法二元論との関係については、第2章で述べました。平成16年の行訴法改正で、「公法上の法律関係に関する確認の訴え」が実質的当事者訴訟の例として明示され、実質的当事者訴訟を活用すべしという立法者意思が示されたことも、あわせて思い出しておきましょう。

〈当事者訴訟〉
形式的当事者訴訟：実質的には抗告訴訟
実質的当事者訴訟：形式、実質とも当事者訴訟

◆ 民衆訴訟
　民衆訴訟とは、「国又は公共団体の機関の法規に適合しない行為の是正を求める訴訟で、選挙人たる資格その他自己の法律上の利益にかかわらない資格で提起するもの」をいいます（行訴法5条）。これは、公益的な観点から、法律違反の行為を是正させるために法律がとくに認めた訴えです。自分の権利義務に関わらないので、裁判で勝訴したからといって、自分が得をすることにはなりません。言うなれば、「世のため、人のため」に義憤で起こす訴訟、といったところです。納税者訴訟の性質を持つ住民訴訟は、その代表的な例です（地方自治法242条の2）。これは、地方公共団体の職員が、違法な財務会計行為により地方公共団体に損害を与えた場合に、住民が個人的利害とは関わりなく、違法な公金支出について、地方公共団体のために提起する訴訟です。自己の権利義務に関わる訴訟を「主観訴訟」といいますが、住民訴訟は自己の権利義務に関わらないので、「客観訴訟」といわれます。
　住民訴訟は、わが国では珍しく頻繁に使われていた訴訟類型でしたが、平成14年に「濫訴を防止する」という名目で地方自治法が改正され、住民にとって使いづらいものになってしまいました。

◆ 機関訴訟
　機関訴訟とは、「国又は公共団体の機関相互間における権限の存否又

はその行使に関する紛争についての訴訟」をいいます（行訴法6条）。行政機関相互の争いであり、個人の権利義務に関する争いではないため、客観訴訟のひとつに数えられます。具体例として、地方公共団体の長と議会の紛争（地方自治法176条7項）、代執行訴訟（245条の8第3項以下）、国の関与に関する訴訟（251条の5）、普通地方公共団体の不作為に関する国の訴え（251条の7）などがあります。

〈主観訴訟と客観訴訟〉
主観訴訟…抗告訴訟、当事者訴訟
客観訴訟…民衆訴訟、機関訴訟

2　取消訴訟

◆取消訴訟中心主義

　行政事件訴訟は、抗告訴訟と当事者訴訟を中心に組み立てられています。そして、抗告訴訟の中で中心的な存在と位置づけられているのが、取消訴訟です。そこで、まず、取消訴訟の問題について説明します。

　取消訴訟とは、行政庁の処分・裁決（両者をあわせて広義の処分といいます）について、その全部または一部の取消しを求め、処分・裁決の法的効力を遡って消滅させる訴えをいいます。取消訴訟制度の存在を前提として、処分（行政行為）の公定力が語られます（➡第7章）。すなわち、行政行為は、違法であっても取消訴訟で取り消されるまでは無効にならないというのが公定力の一般的説明ですから、その制度的根拠は取消訴訟ということになります。最近では、「取消訴訟の排他的管轄」という表現が使われることが多くなっています。

◆3つの単語

　行政活動に関する訴えが取消訴訟の類型を用いて提起された場合、まず、その訴えが取消訴訟として受け付けるに値する訴訟かどうかが審査されます。取消訴訟では、訴訟の入り口の段階で「訴訟要件」を充足しているかどうかが厳格に吟味されるのです。この訴訟要件の審査において、主として問題とされてきたのが、①処分性、②原告適格、③訴えの

利益の3要件です。

　裁判官にとって、行政事件は、通常の民事事件に比べ、問題が込み入っていることが少なくなく、しかも行政が絡んでいるので扱いが難しく、率直にいえば、厄介な存在です。原発訴訟などはその最たるものですが、原子力施設が安全かどうかという問題を正面から審査するのは、それ自体が非常に難しいことです。また、事件が政治性を帯びることも多く、精神的にも、肉体的にも裁判官の疲労度は高くなります。もっとも、原子力施設が安全かどうかは本案の問題なので、もし、訴訟を門前払いすることができれば、本案審理を回避することができ、裁判官にとってずいぶん気が楽になることは否定できません。行政事件が回ってきたとき、処分性・原告適格・訴えの利益という3要件のうち、どれかひとつでも満たしていないと判断されれば、訴訟を却下し、事件を簡単に処理することができます。不謹慎なことですが、行政部の裁判官はこの3つの単語を知っていれば勤まる、などといわれることもあったようです。

　なお、取消訴訟の訴訟要件には、3要件の他、被告適格、管轄裁判所、不服申立前置、出訴期間があります。これらは解釈の余地は少なく、基本的に技術的に決まってくる事項です。

〈取消訴訟の訴訟要件〉

①処分性：行政処分といえるかどうか
②原告適格：その人に訴えを認める法的利益があるかどうか
③訴えの利益：裁判で救済される利益があるかどうか
④被告適格：原則として国または公共団体
⑤管轄裁判所：東京地裁他
⑥不服申立前置：個別法の定めによる
⑦出訴期間：原則として6ヶ月

◆処分性

　行訴法3条2項は、取消訴訟の対象を、「行政庁の処分その他公権力の行使に当たる行為」と定めています。これを「処分性」といいますが、ある行政活動を争おうとしても、処分性が認められないと取消訴訟は却

下されてしまいます。何をもって処分とみるかについて、最高裁は、「行政庁の法令に基づく行為のすべてを意味するものではなく、公権力の主体たる国または公共団体が行う行為のうち、その行為によって、直接国民の権利義務を形成しまたはその範囲を確定することが法律上認められているもの」と解しています（最判昭39・10・29民集18巻8号1809頁）。

　従来、最高裁は処分性の認定が非常に厳しく、処分性が否定されて却下判決を受けるというケースが少なくありませんでした。最高裁のこうした堅い態度は、「行政訴訟の機能不全」といわれる状況の一角をなしていたということができます。裁判的救済の途を拓くため、何とか処分性を広げようと、さまざまな解釈論が展開されましたが、学説から提示されるアイデアが裁判所に採用されることはありませんでした。もっとも、そのことが、平成16年の行訴法改正において、処分性を争点としない当事者訴訟を裁判的救済の「受け皿」としてクローズアップすることにつながったともいえます。ところが、法改正の前後から、最高裁はにわかに処分性を大胆に認定するようになっており、全体としてチグハグな展開になっています。この点については、後述します。

◆原告適格

　行訴法9条1項は、「取消しを求めるにつき法律上の利益を有する者」に訴訟提起を認めています。これが、誰が訴えを提起できるかという原告適格の問題です。

　原告適格が認められるためには、条文上「法律上の利益」が肯定されなければなりません。どのような場合に「法律上の利益」があるといえるかについては、「法律上保護された利益説」と呼ばれる見解が、通説・判例とされてきました。これは、要するに、法律の規定をみて、原告の主張する利益（たとえば、環境利益や消費者の利益など）が法律上保護されていると解釈することができるかどうかによって判断する、というものです。こうした思考は、「法律による行政の原理」からすると、法律の規定いかんによって原告適格の有無が決まるというのですから、考え方としてはごくオーソドックスなものということができそうです。しかしながら、問題は、従来の判例を見る限り、個々の事案における「法律上の利益」に関する判断が、杓子定規で、形式的かつ官僚的であるた

め、結果として原告適格が否定されることが大変に多かったというところにあります。原告の、いわば人生をかけた必死の主張を、裁判所が冷たく突き放すという構図が目立っていたのです。

こうした状況を踏まえ、平成16年の行訴法改正では、原告適格の判断を柔軟にするという趣旨から、9条2項が新設されることになりました。9条2項は、裁判所は、原告適格の判断をするにあたって、処分の根拠となる法令の規定の文言のみによることなく、法令の趣旨・目的、考慮されるべき利益の内容・性質を考慮するものとする、と規定しています。つまり、形式ばった冷たい文理解釈ではなく、相手の言わんとすることを忖度し、優しい気持ちで法令の解釈を柔軟にするように、という趣旨です。9条2項の新設は、平成16年行訴法改正の目玉のひとつなのですが、考えてみると、裁判官は法律のプロフェッショナルであるはずなのに、その裁判官に向かって「柔軟な法律解釈をするように」ということをわざわざ法律に書くというのは、尋常ではありません。それだけ、従来の原告適格の解釈のされ方に問題があったということを意味しているということができます。

行訴法改正後、最高裁は、9条2項を受ける形で従来の判例を変更します。鉄道の連続立体交差化を内容とする都市計画事業認可の取消訴訟において、平成17年、都市計画事業地外に居住する周辺住民に対し、広く原告適格を認める判決が出されました（小田急高架訴訟判決・最大判平17・12・7民集59巻10号2645頁）。もっとも、この判決を受けて行われた本案審理では、最高裁は、結局、結論において住民らの主張を斥けています（小田急高架訴訟本案判決・最判平18・11・2判時1953号3頁）。

◆訴えの利益

原告適格は、訴えを起こそうとしている「人」に着目した要件ですが、原告適格が認められたとしても、今度は、その人が裁判で勝訴することにより救済される利益が現に存在しているかということが、別途問題とされます。これを「訴えの利益」といいます。たとえば、3ヶ月の運転免許停止処分を受け、取消訴訟を提起したが、訴訟係属中に処分期間が経過し、さらに無違反・無処分で1年を経過すると、その時点で訴えの利益が消滅します。この要件をめぐる裁判例は少なくありません。

◆その他の論点

　このように、取消訴訟のハードルはとても高いものとなっていたため、国民にとってより使いやすいものにするという観点から、平成16年の行訴法改正がなされます。

　具体的には、訴えの相手方である被告が、国の処分であれば国、地方の処分であれば公共団体となって、わかりやすくなりました（11条1項）。従来は、被告が「行政庁」とされていたため、たとえば被告を「県知事」としなければいけないところを、うっかり「県」としてしまい、訴えが却下されてしまうなどの初歩的ミスが少なくなかったといわれます。こうした間違いは格段に減っています。

　また、訴えを提起する裁判所も、被告が国・公共団体とされた結果、国の処分については、行政事件を専門的に取り扱う行政部を有する東京地裁に訴訟を提起することができるようになりました（12条1項）。裁判所の管轄は、原告が地元で訴訟を提起することができるという観点も大事なのですが、独特の専門性が要求される行政事件の場合、行政事件の扱いに通暁する裁判官のいる裁判所に訴訟を提起するメリットは小さくありません。あくまでも一般論ですが、行政を知らない裁判官ほど、行政の主張を鵜呑みにする傾向があり、行政事件に慣れるにつれて行政のアラが見えてくるといわれます。裁判官の素養の有無が、センスのいい事件処理にとって、しばしば決定的な意味を持つのは事実です。

　さらに、出訴期間が6ヶ月に改められました（14条1項）。従来は、出訴期間が3ヶ月と大変短く、あたふたしているうちに期間が過ぎてしまい、訴訟を断念するということもあったようです。6ヶ月という期間も、なお十分ではないかもしれませんが、仮に6ヶ月を過ぎても「正当な理由」があれば出訴が認められるので、この点をあわせれば、それなりの改善があったといえるでしょう。

　なお、以上は、訴訟要件という訴訟の入口段階におけるハードルの問題ですが、行政訴訟の場合、本案審理に入ると、今度は行政裁量をどのように審査するかというもうひとつのハードルがあることは、すでに述べたとおりです（行政裁量については、➡第8章）。

3 その他の訴訟類型

(1) 取消訴訟以外の抗告訴訟
◆**無効等確認の訴え**

　無効等確認の訴えとは、処分・裁決の存否またはその効力の有無の確認を求める訴えをいいます（行訴法3条4項）。行政処分の瑕疵のひどさに応じて、通常の瑕疵は取消訴訟、ひどい瑕疵の場合は無効等確認訴訟を使うというのが、立法者の描いたイメージでした。しかし、実際には、取消訴訟の出訴期間が従前は3ヶ月と短かったため、出訴期間の制限のない無効等確認訴訟は、出訴期間経過後に「時機に後れた取消訴訟」として活用されることが多かったのです。もんじゅ訴訟はその例です。しかし、平成16年の行訴法改正後は、取消訴訟の出訴期間が6ヶ月に延長されたことや、処分が無効な場合には当事者訴訟を使うというオプションがあることが示されました。これにより、無効等確認訴訟には従来のような利用価値はなくなったとみられています。

◆**不作為の違法確認訴訟**

　国民が法令に基づく申請をしたにもかかわらず、行政庁が処分・裁決をしないことについて違法の確認を求める訴訟を、「不作為の違法確認の訴え」といいます（行訴法3条5項）。最近、行政が法律で与えられている権限を適時・適切に行使するよう促す必要性が強く感じられる場面が増えています。もっとも、不作為の違法確認訴訟では、仮に原告勝訴の判決が出されても、行政庁は「何らかの処分」をするよう拘束されるだけなので、不許可処分が出される可能性があり、そうなると、原告は改めて不許可処分の取消訴訟を提起しなければなりません。これでは原告にとって二度手間となってしまいます。平成16年の行訴法改正では「義務付け訴訟」が法定され、このような場面において、国民が端的に許可処分を求めることができるようになりました。

◆**新しいメニュー**

　平成16年の行訴法改正前は、抗告訴訟といえば事実上取消訴訟しかないと思われていたので、国民としては、とにかく行政処分がなされるのを待って、おもむろに取消訴訟を提起しなければなりませんでした。事

後的に行政処分を取り消してもらう、というのが基本的な救済のパターンだったのです。しかし、新たに「義務付け訴訟」と「差止訴訟」が抗告訴訟のメニューに加えられ、取消訴訟中心主義は大きく変容することになりました。

①義務付け訴訟

　義務付け訴訟は、まだ行政処分がなされていない段階で、行政庁が一定の処分をなすべきことを求める訴えです。これには、私人の側が申請をしたのに行政が応答しないときに提起されるタイプ（申請型義務付け訴訟・3条6項2号）と、申請権のない私人が行政処分をなすべきことを求めるタイプ（非申請型義務付け訴訟・3条6項1号）があります。現代では、「行政の不作為」が深刻な問題として認識されるようになっていますが、義務付け訴訟はこのような事態に対して、一定の対応策を示したものということができます。申請型も、非申請型も、ともに要件は厳しいのですが、よく利用されており、認容例も少なくありません。

②差止訴訟

　差止訴訟は、行政庁が一定の処分をすべきでないにもかかわらず、これがされようとしている場合に、処分をしてはならない旨を命ずる判決を求めて提起される訴えです（3条7項）。これも、処分がなされていない段階で、処分をしないよう求めるわけですから、事前の救済手段ということになります。差止訴訟も、義務付け訴訟と同様に、要件が厳しく設定されていますが、利用度合いは低くなく、下級審では認容例もみられます。

(2)　当事者訴訟

◆**再認識されたツール**

　当事者訴訟は、学説上、公法・私法二元論との関連で、確たる根拠もないのに「事実上死文化している」といわれ続けた訴訟類型です。しかし、平成16年の行訴法改正の過程で、裁判実務では意外によく利用されていることが明らかとなり、当事者訴訟による重要な裁判例が、思いのほか存在していることが確認されています（たとえば、最大判昭41・7・20民集20巻6号1217頁、最判平9・10・17民集51巻9号3925頁など）。そして、

法改正後の平成17年、最高裁は、海外に在住する日本国民の選挙権を制限していた公職選挙法附則を違憲とした判決で、今後直近に実施される選挙において投票することができる地位の確認を求める訴えが「公法上の法律関係に関する確認の訴え」として適法であることを正面から認めました（最大判平17・9・14民集59巻7号2087頁）。この大法廷判決により、当事者訴訟は「使えるツール」として名実ともに承認されたということができます。

◆**当事者訴訟の正しいイメージ**

　当事者訴訟の利用を促す行訴法4条の改正は、行政基準、行政指導、行政計画のように、典型的な行政行為とはいえない行政活動を当事者訴訟で受け止める、という趣旨に基づいています。当事者訴訟を救済のための「受け皿」として活用することがその目的です。

　ここで注意しなければいけないのは、当事者訴訟を活用するといっても、特定の通達なり、個別の行政計画を捉えて、その違法性をダイレクトに確認するという単純な訴訟が可能になったわけではない、ということです。当事者訴訟は、問題となる法律関係が「公法上の法律関係」であるという点を除くと、基本的に民事訴訟とパラレルに考えられます。イメージとしては、AがBにお金を貸し、それを返すよう求める民事訴訟と同じ程度に、具体的に公法上の権利義務関係が問題となっていなければなりません。前述の平成17年最高裁判決の事案は、日本国に対して、外国にいる日本人が、日本国民として選挙において投票し得る地位があるということの確認を求めるものです。そこでは選挙権の有無という権利義務関係が問題となっています。そのうえで、当時の公職選挙法の下では次の選挙で投票できないことが確実ですから、来るべき選挙に備えて自らの投票することのできる地位を確認しておく利益、すなわち「確認の利益」が具体的に認められます。抽象的に公職選挙法が違憲だという主張が認められたわけではないのです。

◆**抗告訴訟か当事者訴訟かという問題**

　当事者訴訟が実際に使われることを前提とすると、抗告訴訟と当事者訴訟の振り分けという問題が、改めてクローズアップされます。

　行政紛争の争い方は、争う対象が行政処分の場合は抗告訴訟、そうで

ない場合には当事者訴訟という具合に、2つの主要なルートがあります。

> 〈行政紛争の争い方〉
> 行政処分→抗告訴訟
> 公法上の権利義務関係→当事者訴訟

　この2つのルートの関係はどのように考えるべきでしょうか。素朴にいえば、ある行政活動は行政処分か非行政処分かのどちらかのはずですから、問題となっている行政活動の性質決定ができれば、裁判ルートはおのずと定まってくるように思われます。しかし、実際には、個別法の解釈において、ある行政活動が行政処分かどうかがはっきりと結論づけられるとは限りません。下手をすれば、行政処分として取消訴訟を提起したら処分性が否定され、他方で、非行政処分として当事者訴訟を提起したら、行政処分だから公定力が働き「取消訴訟の排他的管轄に属する」なんていわれて、争いが「キャッチボール」されてしまう危険性があります。

　しかしながら、当事者訴訟を救済の「受け皿」として用意するという改正4条の趣旨は、このような「キャッチボール」をしないというところにあります。紛争を裁判所がきちんと受け止める、ということがツボなのです。言い換えると、裁判所には、訴えをむやみに却下することなく、紛争を誠実に受け止め、本案審理を回避しないことが求められています。当事者訴訟においては、処分かどうかが問題なのではなく、原告の主張が具体的な権利義務関係の紛争として構成されているかどうかが重要であり、投げかけられた問題に対し、裁判所がきちんと応えることが要請されているのです。

　グレーゾーンの行政活動については、原告の訴えの構成の仕方に応じて、取消訴訟で許容される可能性もあると同時に当事者訴訟も可能である、つまり「どっちでもいける」（取消訴訟と当事者訴訟の並行提起可能性の許容）という基本路線が、堅持されて然るべきだと考えられます。

COLUMN
当事者訴訟と抗告訴訟

　橋本博之教授は、『解説改正行政事件訴訟法』（弘文堂、平成16年）の中で、次のように述べています（94〜95頁）。

　「…抗告訴訟と当事者訴訟の関係について、相互に開かれたものでなければならず、裁判実務上、両者の垣根を柔軟に取り扱うことが必要となる。ある行政の行為が取消訴訟と確認訴訟のどちらか一方に配分されるという択一的解釈ではなく、憲法の保障する裁判を受ける権利を妨げることのないよう、両側から救済可能性を拡大するようなかたちで解釈論が展開されなければならない。一方を利用しようとしたら別のルートで行くべしといった訴訟類型のキャッチボールになるような解釈運用は厳に戒められなければならず、国民の権利利益の実効的救済や、国民の裁判を受ける権利の保障という観点から、行政法令の仕組みの側に着目した実定法解釈では越えられない法定抗告訴訟の限界を越えるための訴訟法上の受け皿の拡大として受け止められるべきである。新しい行政事件訴訟法の下で、裁判官には、原告という訴訟手続のユーザーが、何を主張し、行政活動の違法性をどのようなかたちで争いたいのかを汲み取り、国民の権利利益の実効的救済の保障という立法者意思を正しく踏まえた、訴訟手続法の解釈方法が確立されることが強く要請される。訴訟類型の多様化により、原告たる国民にとって行政事件訴訟の利用についてのハードルが逆に高まる事態を引き起こすような解釈方法は、新法の制度趣旨から決して許されない。」

　初心、忘れるべからず。平成16年改正の趣旨をかみしめておきたいものです。

第15章 国家賠償法

POINT

① 金銭的救済には、国家賠償と損失補償がある。
② 国家賠償法は利用度が高く、事実上行政訴訟の機能不全を代替する機能を果たしてきた。
③ 国家賠償法1条は、公権力に関わる公務員の行為に起因する損害、2条は、公の営造物の設置・管理という非権力的作用に起因する損害を対象とする。

★キーワード
主権無答責の法理、公権力の行使、外形標準説、過失の客観化、職務行為基準説、公の営造物、設置・管理の瑕疵、機能的瑕疵、過渡的安全性

1 国家賠償と損失補償

◆金銭的救済

金銭的救済には、国家賠償と損失補償があり、両者をあわせて「国家補償」といいます。

①国家賠償

国家賠償とは、国家が違法な行為をした場合に、私人が被った損害を賠償する制度です。憲法17条は「何人も、公務員の不法行為により、損害を受けたときは、法律の定めるところにより、国又は公共団体に、その賠償を求めることができる」と規定し、これを受けて国家賠償法が制定されています。最近は、国家といえば間違いばかり犯しているようなイメージもありますが、歴史的には「国王は悪をなし得ず（King can do no wrong.）」と言われてきました。これを「主権無答責の法理」と言います。わが国でも、かつてはこのような考え方がとられていましたが、戦後は、国も間違いを犯し得るとして、国家賠償制度が整備されています。

②損失補償

　金銭的救済として、国家賠償とは別に、損失補償制度というものがあります。損失補償とは、国家が適法な行為により、特定の私人に対して損失を与えてしまった場合に、公平の理念に基づいて損失を補塡することをいいます。たとえば、道路を建設するためにある人の土地を強制的に収用した場合、その土地代は税金でまかなわれなければなりません。強制的な土地収用は、土地収用法に基づく適法な行為ですが、憲法では財産権が保障されており、憲法29条3項は「私有財産は、正当な補償の下に、これを公共のために用ひることができる」と規定しています。したがって、土地収用に対して補償をすることは、憲法上の要請であるということができます。損失補償については、国家賠償法のような一般法としての法律はなく、個別法に定めがあるにとどまっています。

　国家賠償と損失補償は、両者とも国家が金銭を支払う仕組みですが、国家賠償は違法行為を、損失補償は適法行為を対象としており、その趣旨は全く異なっています。

　以下では、国家賠償について説明していきます。

〈国家補償（金銭的救済）〉
国家賠償　　違法行為を対象
損失補償　　適法行為を対象

2　国家賠償法1条

◆ 1条の仕組み

　国家賠償法1条は、「国又は公共団体の公権力の行使に当る公務員が、その職務を行うについて、故意又は過失によつて違法に他人に損害を加えたときは、国又は公共団体が、これを賠償する責に任ずる」と規定しています（1項）。公務員が誰かをなぐったとか、何らかのミスをして第三者に損害を与えてしまった場合、その公務員が国家公務員であれば国、地方公務員であれば都道府県ないし市町村が、被害者に対して損害を賠償しなければなりません。被害者からみると、加害者が公務員であ

ると、国ないし公共団体が責任をとってくれるというのですから、確実な支払いが期待でき、ひとまず安心です。1条は、大変利用度の高い条文です。

◆ **なぜ国・公共団体が責任を負うのか**

　1条では、公務員が他人に不法行為を行った場合に、不法行為を行った公務員本人ではなく、国ないし公共団体が賠償責任を負うとしています。国ないし公共団体は、被害者に対して賠償責任を果たした後、公務員個人に対して求償することが可能ですが（1条2項）、被害者との関係で責任を負うのは、あくまでも国ないし公共団体とされています。

　なぜ、国家賠償法では、このような仕組みになっているのでしょうか。悪いのは不法行為をした公務員本人のはずです。個人主義を貫けば、悪いことをした公務員自身が、本人の責任において被害者に賠償義務を果たすのが筋であると考えられます。そこで、1条に基づく国ないし公共団体の責任の本質をめぐって議論があります。

◆ **代位責任説と自己責任説**

　この点については、代位責任説と自己責任説が唱えられています。

　代位責任説は、本来責任を負うべき者は公務員であることを前提としたうえで、その責任を国ないし公共団体が代わって負うものであると説明します。個人主義の原則に適合的な捉え方です。この見解では、1条の責任は、被害者救済の見地から、資力のある国・公共団体が被害者に対して損害賠償をさせることが好ましいという政策判断に基づくもの、ということになります。あくまでも悪いのは本人であるということが強調されます。立法者の立場であり、通説です。

　これに対して、自己責任説は、公務員を国・公共団体の「手足」とみて、公務員のミスは国・公共団体のミスそのものであると理解します。ここで、公務員を「手足」とみるということの意味は、次のようなものです。たとえば、Aが素手でBを殴ってケガを負わせ、Bから損害賠償を請求されたとします。Aは、「私の手が勝手にやったのであって、私の責任ではない」とはいえません。そのアナロジーで、公務員は国の一部、手足であるとするわけですから、公務員の違法行為は国家の行為そのもの、ということになります。

今日、代位責任説と自己責任説は、具体的な救済の場面において決定的な違いがあるわけではないのですが、基本的な発想が異なっています。

◆ 1条の要件

1条の要件は、次のとおりです。

〈1条の要件〉

① 国または公共団体の公権力の行使にかかる公務員の行為であること
② 職務を行うについて
③ 故意または過失による違法な行為であること
④ 損害
⑤ 因果関係

◆「公権力の行使」をめぐる議論

国家賠償が認められるためには、公務員の行った違法行為が「公権力の行使」としてなされることが必要です。そこで、「公権力の行使」という概念をどのように解釈するか、という問題が出てきます。

この点に関する見解は3つに分かれており、命令、強制等の伝統的な権力作用に限定する説（狭義説）、国または公共団体の作用のうち、「純粋な私経済作用」と国家賠償法2条にいう「営造物の設置管理作用」を除くすべての作用と解する説（広義説）、国または公共団体の作用をすべて含むとする説（最広義説）があります。

狭義説は立法者の見解です。立法者の見解が、法律の解釈にとって重い意味を持つことは、言うまでもありません。しかし、そうはいっても、法律はいったん成立してしまえば、独自の息吹を持って存在し、時代の変化の中で自ずとその意味合いも変わってきます。以上を前提としたうえで、「公権力の行使」という概念を広く解すると救済範囲が広がり、狭く解すると救済範囲が狭くなるという関係があることを、まず確認しておきましょう。

◆解釈論というもの

1条の趣旨は、被害者救済を図ることにあります。被害者救済の見地からは、救済範囲が最も広い最広義説が好ましく、反対に、狭義説は救

済範囲が狭すぎるということができます。生の価値判断だけならば、最広義説が良いということになりそうです。しかし、法治国家においては、法で国を治める以上、「法律にどのように書かれているか」はきわめて重要です。法律の文言に反することは、たとえそれが価値判断上良いことだとわかっていても、許されません。これは法治国家のオキテです。この点、狭義説は、「公権力の行使」という要件を権力的な行為に限定するので、文言にはきれいにマッチしています。これに対して、最広義説では、国または公共団体の作用すべてを指すというのですから、そこには「私経済作用」も含まれます。「私経済作用」とは、国や公共団体が私人と同じ立場で行う取引行為のことで、たとえば仕事で使う文房具を購入する売買契約は、これに該当します。このような作用は、私人が行うのと全く同じ性質のものですから、権力行為と対極の位置にあるものです。そうすると、私経済作用を含むすべての行為を「公権力の行使」に読み込んでしまうのは、文言的には無理があります。解釈論として最広義説をとることは難しいといわざるを得ません。

このように考えると、法律の文言の枠内に収まり、かつ、被害者救済という立法趣旨に照らしてより好ましいのは、広義説であるということになります。現在、この見解が支配的となっているのは、上記のような思考の結果です。こうした思考過程は、解釈論という知的作業の一端を示しています。

◆**職務を行うについて**

次に、国家賠償が認められるためには、公務員の行為が「職務を行うについて」なされたものでなければなりません。その判断基準として、判例は「外形標準説」を採用しています。

外形標準説とは、客観的に職務執行の外形を備える行為をしていれば、「職務を行うについて」の要件を満たすと考える見解です。職務を装って金を奪うことを計画した警察官が、非番の日に制服制帽を着用して被害者の所持品を取り調べたうえ、金品を預かると称してこれを受け取り、そのまま逃走しようとしたところ、被害者が騒いだため拳銃で射殺してしまったという事案があります。「金品を強奪する」という職務はあり得ないのですが、外形から判断する限り、制服を着た警察官が所

持品検査を行ったというのですから、「職務を行うについて」の要件を満たし、国家賠償法が適用されます（最判昭31・11・30民集10巻11号1502頁）。

ところで、本物の警官がハデな私服を着ていて、外見的には警官に見えなかった場合、国家賠償は認められるでしょうか。本物の警官が、警官としての職務をしていて第三者に被害を与えたという場合には、外形を云々するまでもなく、国家賠償の対象となります。

◆故意または過失による違法な行為であること

不法行為の成否については、「違法は客観的に、過失は主観的に」という基本的な定式があります。国家賠償法は民法の特別法であり、不法行為を行った者が公務員である場合に適用されます。そこで、民法上の不法行為と同じ思考枠組みの下で、故意・過失は主観的な問題、違法性は客観的な問題と、一応整理することができます。

①故意・過失

故意・過失は行為者の内面に着目した主観的要件です。通常、問題になるのは、公務を遂行するにあたって不注意で第三者に損害を与えてしまった場合、すなわち過失のケースです。過失とは、注意を払うべきであったのに注意をしなかったという「心の問題」です。もっとも、人の心の中を覗くことはできないので、今日では、過失は、行為者が結果を回避するためになすべき行為をしなかった、すなわち、「結果回避義務違反」という形で認定されます。過失の有無を客観的な行為を基準として判断することになるので、これを「過失の客観化」といいます。たとえば、公務員であるバスの運転手が漫然とバスを発車させたために、バスの前を通りぬけようとした人を轢いてしまったという事案では、運転手の前方不注意という過失が問題となりますが、これは、前方を注視すべきだったのにしなかったという意味で、運転手には結果回避義務違反が認められます。

②違法性

違法性とは、法規範に反するということです。適法か違法かは内心の問題ではなく、第三者が外側から判断できますから、客観的要件ということになります。ただ、国家賠償法上の違法性について、判例は、「公務員が行為当時、合理的な行動をとったかどうか」によって、違法性の

有無を判断するものが少なくありません。このような考え方を「職務行為基準説」と呼んでいます。スピード違反をした自動車をパトカーが追跡したところ、その車が逃走し、逃走過程で人を負傷させてしまったというケースで、負傷した人が、そもそもパトカーが車を追跡したのが悪かったとして、国家賠償訴訟を提起したという事案があります。しかしながら、警察官はスピード違反を取り締まるのが仕事ですから、違反者を追跡しないわけにはいきません。そこで、最高裁は、パトカーによる追跡行為が違法であるというためには、追跡が職務目的を遂行するうえで不必要であるか、追跡の開始・継続・方法が不相当であることを要すると述べて、結論として追跡行為の違法性を否定しました（最判昭61・2・27民集40巻1号124頁）。この判決は、職務行為基準説を採用したものと考えられています。

◆過失と違法性が同じ？

さて、過失＝結果回避義務違反、違法性＝職務行為基準説という考え方を前提とすると、過失と違法性の判断が近似したものになります。このことを、パトカー追跡事件を例に見てみましょう。最高裁は、追跡行為の違法性について、前述のように、必要性と相当性を要求しました。このケースにおける過失は、「逃走車が人を負傷させる」という結果を回避する義務ですから、「逃走車が危ない走行をしないように注意しながら追跡する義務」と観念されることになります。しかし、これは追跡行為の「必要性」があることを前提に、それが「相当性」を有するということとほとんど変わりません。

このように考えると、職務行為基準説に立つ限り、過失と違法性の問題が実質において重なっているといえそうです。故意・過失は主観の問題、違法性は客観の問題として、両者の相違ははっきりしていたはずですが、国家賠償法1条の要件解釈としては同じようなものになっているということです。とりあえず、「過失と違法性が同じになるとは！」と驚いていただければ結構でしょう。

3　国家賠償法2条

◆趣旨

　国家賠償法2条は、「道路、河川その他の公の営造物の設置又は管理に瑕疵があつたために他人に損害を生じたときは、国又は公共団体は、これを賠償する責に任ずる」と規定しています。1条は公権力の行使によって損害が生じた場合の規定であり、2条は公権力の行使とはいえない公の管理作用に起因する損害を救済するために設けられています。公権力の行使に関わらない行政作用については、民法でも争うことができ、工作物責任を定める民法717条は2条によく似ています。

　2条も、1条とともに、非常によく利用されています。国家賠償法は、行政訴訟が深刻な機能不全に陥っている中で、事実上行政訴訟を代替する機能を果たしてきました。2条をめぐる裁判例は、戦後のわが国の道路行政、河川行政に大きな影響を与えてきたものです。

◆2条の要件

　2条の要件では、①公の営造物、②設置・管理の瑕疵が重要です。

①公の営造物

　公の営造物という概念は、公物と同義とされ、国または公共団体により、直接に公の目的のために供用されている個々の有体物をいいます。道路、河川が代表的なものですが、動産も含まれます。公用自動車、電気かんな、拳銃、警察犬、テニスの審判台など、いろいろあります。狂犬病にかかっている警察犬に噛まれたら、警察犬は「公の営造物」にあたるので、国家賠償請求が可能です。

②設置・管理の瑕疵

　この要件については、主観説と客観説の対立があります。

　主観説は、設置・管理の瑕疵をもって、管理者の管理義務違反と捉えます。これに対して、客観説は、営造物の物理的な欠陥とする見解です。最高裁は、過去にしばしば落石・崩土のあった国道において、道路管理者が「落石注意」の標識を立てて注意を喚起する程度のことしか行っていなかったところ、たまたま通行中の自動車に落石・崩土があり、被害者が死亡したというケースで、道路の設置・管理の瑕疵について「通常

有すべき安全性を欠いている」と判示しました（高知落石事故判決・最判昭45・8・20民集24巻9号1268頁）。この判決は、客観説を採用したものと理解されています。

◆**大阪空港最高裁判決の国家賠償部分**

大阪空港最高裁判決が、戦後のわが国における悪名高い行政判例の代表例であることは、すでに述べました（➡第4章）。この判決には、空港使用の差止めを求める部分と損害賠償を求める部分があるのですが、評判が悪いのは差止めの部分に限られます。損害賠償の部分では、逆に、びっくりするような画期的な判断が示されています（最大判昭56・12・16民集35巻10号1369頁）。

高知落石事件で、最高裁は、営造物の設置・管理の瑕疵について「通常有すべき安全性を欠いていること」と定義しましたが、これは営造物に物理的な欠陥がある、ということを意味します。そこでは、道路に「穴ぼこ」があいていたとか、工事中だというような、営造物たる道路に何らかの物理的な問題があることが念頭に置かれています。

大阪空港訴訟では、国営空港において飛行機が四六時中とびかっていて、うるさくてしょうがないとして、騒音による身体的・精神的被害の賠償が求められています。この場合、道路と同じように考えると、空港の設置・管理の瑕疵とは、敷地に穴があいている、滑走路に草が生い茂っている、ライトが故障していて夜間の飛行に支障があるなど、空港に関する何らかの物理的な欠陥を指すことになるはずです。しかしながら、この事件で問題となったのは、「空港が利用されることにより発生する航空機騒音」ですから、空港そのものはピカピカで、物理的欠陥はありません。そうだとすると、従来の想定に照らせば、設置・管理の瑕疵は否定されることになりそうです。

◆**機能的瑕疵論**

ところが、最高裁は、大阪空港に設置・管理の瑕疵があると認定し、結論として損害賠償請求を認容しました。

最高裁は、公の営造物の設置・管理の瑕疵という要件について、それは「営造物が有すべき安全性を欠いている状態をいう」と述べ、高知落石事故判決以来のワーディングを踏襲します。そのうえで、「そこにい

う安全性の欠如、すなわち、他人に危害を及ぼす危険性のある状態とは、…その営造物が供用目的に沿って利用されることとの関連において危害を生ぜしめる危険性がある場合をも含み、また、その危害は、営造物の利用者に対してのみならず、利用者以外の第三者に対するそれをも含む

COLUMN
法解釈は法創造

「法律解釈」というと、どのようなイメージがあるでしょうか。何となく、暗くて堅い感じの法律家が、六法を片手に難しい顔で細かいことを議論している、みたいなイメージが先行しているような気がしますが、どうでしょうか。

昔、モンテスキューという思想家が「裁判官は法を語る口である」と言ったといいます。これは、今風にいえば、「裁判所は自動販売機」というような意味です。紛争が裁判所に持ち込まれたとき、コインを入れてボタンを押せば、機械的に欲しかったジュースが出てくる、つまり関連する法律を見て、それを紛争にあてはめれば、解決策が自動的に出てくる、というようなイメージです。この場合、「法律解釈」という作業に「クリエイティブ」という印象は全くありません。

しかし、断言しますが、法律解釈に対するこのような理解は正しくありません。法律は、一見すると、完全無欠のパーフェクトな存在に見えますが、実際にはスキだらけで、内容はスカスカです。少し勉強すれば、すぐおわかりになるでしょうが、法文の出来は、決していいとは限りません。予期しない事件は次々と起こり、思いもよらない事態が後から後から出てきます。このように、法律が規定しきれていない部分を、あれこれ考えながら埋めていく作業が、法律解釈の真髄です。誤解を恐れずにいえば、法律を解釈するとは、こうした白地部分において法律を作っているのと同じです。それは、「隠れた法創造」というにふさわしい知的営為です。

一見、ちまちました解釈論争の背後には、「法律の文言」という狭い土俵の中で、価値観の相違に基づく激しいバトルが展開されていたりします。そこには、想像もつかない勇気と決断の物語が隠されていることも少なくありません。大阪空港事件で最高裁が提示した「機能的瑕疵論」も、そのひとつの例といえそうです。

ものと解すべきである」と述べました。

　この判示は、空港には物理的欠陥がないという前提の下で、空港をその本来の目的に沿って利用することにより第三者に対して危害（騒音被害）を与えることが、設置・管理の瑕疵にあたる、とするものです。空港を空港として使うことが瑕疵になるというのですから、空港に「穴ぼこ」があいているといった本来の「瑕疵」のイメージとは、ずいぶん異なっていることは、おわかりいただけるでしょう。最高裁は、この判断をあくまでも国家賠償法2条の「解釈」として示しています。しかし、この空港には物理的欠陥はないのですから、この判決は、それまで想定されていなかった新規の判断を示したもの、といわなければなりません。それは、いわば、解釈の衣をかぶった「法創造」というにふさわしいものです。そこで、学説上は、このような瑕疵は物理的瑕疵ではないという意味で、「機能的瑕疵」ないし「供用関連瑕疵」と呼んでいます。そして、理論的には、空港を空港として使うことは違法ではありませんから、適法な空港の供用により生じた不利益に対して金銭的救済をするとなれば、それはもはや国家賠償ではなく、損失補償的なものと理解されます。

　これは、なかなか大胆な「法律解釈」です。大阪空港最高裁判決は、差止めについては訴えを却下しましたが、損害賠償については請求を認め、住民を金銭面で救済したということになります。訴えを却下した判決が住民にとってあまりにも過酷なものであったので、バランスをとったのかもしれません。その意味では、機能的瑕疵論は、最高裁の良心の表れといえるかもしれません。

◆大東水害訴訟判決

　さて、国家賠償法2条には、河川というもうひとつの大きな分野があります。河川は、自然にあるみんなのものという意味で、「自然公物」といわれます。これに対して、道路は「人工公物」とされます。

　河川水害については、昭和59年の大東水害訴訟判決が有名です（最判昭59・1・26民集38巻2号53頁）。この判決では、河川が自然公物であることが強調され、その設置・管理の瑕疵について、道路とは異なる判断基準が示されました。すなわち、河川は、「本来自然発生的な公共用物」

であって、「もともと洪水等の自然的原因による災害をもたらす危険性を内包し」ており、その安全性の確保は、治水事業によって徐々に達成されていくことが予定されている。しかし、治水事業の実施には、財政的制約、技術的制約、社会的制約等があるので、「未改修河川又は改修の不十分な河川」の安全性は、河川の改修、整備の過程に対応する「過渡的な安全性」をもって足りる、というのです。

　この判決は、現に「改修中の河川」を対象としているのですが、そこで要求される安全性は「過渡的安全」であればよい、とするものです。今改修中なのだから、その途中で水害が起きたとしても、それはしょうがないじゃないかというわけです。しかし、それでは、結局のところ、行政の現状を追認するだけになってしまいそうです。実際、この判決以後、水害訴訟で行政側が敗訴することは、基本的になくなります。この判決は、大阪空港最高裁判決ほどではないのですが、これと並んで評判の悪い判決です。大東水害判決は昭和59年、大阪空港判決は昭和56年のものですが、この時期は最高裁がもっとも保守的な時代であったといえると思います。

◆軌道修正
　河川が自然公物だといっても、実際に問題となるのは、堤防やダム、堰、水門などの人工的な施設の機能ないし安全度の不足です。自然の川そのものの安全性が要求されているわけではありません。そうだとすると、河川行政のなすべきことは、合理的な態度で災害を予測し、予測に応じて適切な対策をとることであって、そのような行政がきちんと行われていたかどうかが問われて然るべきでしょう。大東水害判決の言うように、河川はもともと危険なものだから災害が起きても仕方がないというのでは、行政の存在意義が問われます。

　大東水害判決も、学説から強い批判を受けます。そのせいかどうかわかりませんが、その後、「改修済み河川」である多摩川水害訴訟において、最高裁は、大東水害訴訟判決の基準に一定の歯止めをかける姿勢を示しました（最判平2・12・13民集44巻9号1186頁）。最高裁は原審である東京高裁判決を破棄し、差戻審において、結論として河川管理者である国の責任が肯定されます。

事 項 索 引

【ア】

アカウンタビリティ …………………93
意見公募手続 ……………175、185
委任命令 …………………175、176
違法は客観的に、過失は主観的に……211
インフォーマル ……………………132
受け皿 ………………………………204
　　――論 ……………………………80
宇宙条約 ……………………………113
訴えの利益 …………………………199
営業許可 ……………………………104
大蔵省改革 …………………………36
大阪空港最高裁判決 ……55、156、214
小田急高架訴訟本案判決 ……………129

【カ】

外形標準説 …………………………210
解釈通達 ……………………………181
確認の利益 …………………………203
瑕疵 …………………………………109
過失 …………………………………211
　　――の客観化 ……………………211
過渡的な安全性 ……………………217
過料 …………………………………170
簡易迅速かつ公正な救済 ……………188
簡易代執行 …………………………164
環境権 ………………………………56
官選知事 ……………………………68
関与 …………………………………71
機関委任事務 ………………………69
機関訴訟 ……………………………195
危機管理 …………………………28、80
規制緩和 …………………29、53、106
規制規範 ……………………………85
規則 …………………………………172
機能的瑕疵 …………………………214
義務付け訴訟 ………………………202
客観訴訟 ……………………………195
キャッチボール ……………60、204
給水拒否 ……………………………142
給水契約 ……………………………146
給付行政 ……………………………87
教科書検定 …………………………180
行政 …………………………………86
行政改革 ……………………………29
　　――会議 …………………33、46、52
行政基準 ……………173、175、203
行政規則 ……………………………173
行政計画 ……………………148、203
行政刑罰 ……………………………168
行政契約 ……………………………143
行政行為 ……………………………97
行政国家現象 ………………94、176
行政裁判所 …………………………51
行政裁量 ……………………………114
行政執行法 …………………………160
行政執行法人 ………………………45
行政指導 ……………………………203
　　――指針 …………………………183
行政訴訟の機能不全 ……52、198
行政代執行 …………………………161
行政代執行法 ………………………160
強制調査 ……………………………153
行政調査 ……………………………150
行政的執行 …………………156、160
行政手続法 …………………………132
行政の不作為 ………………………120
行政の私化 …………………28、29
行政罰 ………………………………167
　　――の機能不全 …………………168
行政不服審査 ………………………188
行政不服審査会 ……………………190
行政便宜主義 ………………………120
行政立法 ……………………………173
許可 …………………………………102
許認可 ………………………………138
金銭的救済 …………………………206
金融庁 ………………………………37
計画策定手続 ………………………150
経済財政諮問会議 …………………39
警察官職務執行法 …………………152
形式的当事者訴訟 …………………194
権限濫用 ……………………………126
原告適格 ……………………………198
検察官 ………………………………50
原状回復 ……………………………192
　　――義務 …………………………163
建築確認 ……………………………101
　　――留保 …………………………141
建築協定 ……………………………147
憲法上の地方公共団体 ………………78
公益 ……………………………23、28
効果裁量 ……………………………116
公企業の特許 ………………………106
公共性 ………………………………28

公権力 ……………………………23、28
　──の行使 ………99、193、209
抗告訴訟 ………………………………193
公定力 …………………………108、196
公の営造物 ……………………………213
公物 ……………………………………105
公法 ………………………………20、28
　──の特質 ……………………………23
公法・私法二元論 ………………20、195
公法上の法律関係 ………………25、194
公有水面埋立法 ………………………104
告知・聴聞 ……………………………92
国道43号線訴訟 ………………………59
国土交通省 ……………………………34
国民主権 ………………………………93
国立研究開発法人 ……………………45
護送船団方式 …………………………52
国家公務員制度改革 …………………45
国家賠償 ………………………………206
国家補償 ………………………………206
根拠規範 ………………………………85

【サ】

財金分離 ………………………………41
財政改革 ………………………………38
財政と金融の分離 ……………………36
裁判員制度 ……………………………49
裁判官 …………………………………50
裁判所の管轄 …………………………200
財務省 …………………………………36
裁量権の逸脱・濫用 …………………124
裁量審査 ………………………………127
裁量統制 ………………………………124
差止訴訟 ………………………………202
作用法 …………………………………85
三権分立 ………………………………54
３公社５現業 …………………………44
三位一体改革 …………………………73
三面関係 ………………………………121
GHQの方針 …………………………167
私益 ……………………………………23
時機に後れた取消訴訟 ………………201
私経済作用 ……………………………210
自己責任説 ……………………………208
事実行為 ………………………………100
事実誤認 ………………………………125
自然公物 ………………………………216
自治事務 ………………………………71
執行命令 ………………………………175
実質的意味での法律 …………………84

実質的当事者訴訟 ……………………194
質問検査権 ……………………………154
実力行使 ………………………………165
私的自治の原則 ………………………97
自動車運転免許 ………………………103
自動車検問 ……………………………89
司法行政 ………………………………96
司法権 …………………………………159
司法裁判所 ……………………………52
司法制度改革 …………………………50
司法制度改革審議会 …………………53
司法的執行 ……………………………156
司法の行政に対するチェック機能の強化
　…………………………………………53
私法への逃避 …………………………144
自由主義 ………………………………85
自由使用 ………………………………105
住民訴訟 ………………………………195
主観訴訟 ………………………………195
主権無答責の法理 ……………………206
出訴期間 ………………………………200
受理 ……………………………………135
証券取引等監視委員会 ………………37
情報公開制度 …………………………94
情報公開法 ……………………………93
職務行為基準説 ………………………212
職務質問 …………………………89、152
所持品検査 ……………………………152
職階制 …………………………………45
処分基準 ………………………………183
処分性 …………………………182、197
書面主義 ………………………………139
侵害行政 ………………………………87
侵害留保説 ……………………………88
人権保障 ………………………………16
人工公物 ………………………………216
審査基準 ………………………………183
人事院 …………………………………45
申請 ……………………………………135
審理員 …………………………………190
水道法 …………………………………142
ステージ論 ……………………………117
ストーカー規制法 ……………………123
スト権 …………………………………47
スリム化 ………………………………43
政策調整 ………………………………42
政策評価 ………………………………45
設置・管理の瑕疵 ……………………213
説明責任 ………………………………93
全農林警職法事件 ……………………47

事項索引　219

総合調整権限 …………………42、43
総務省 ………………………………75
即時強制 ………………………165、166
組織規範 ……………………………85
租税法律主義 ………………………84
損失補償 ……………………………206

【タ】

代位責任説 …………………………208
第三者 ………………………………190
　　──効 ……………………………147
　　──提供 …………………………152
代執行 ………………………………162
代替的作為義務 ………………161、163
大東水害訴訟判決 …………………216
大都市事務 …………………………77
ダイバージョン ……………………169
宝塚市パチンコ条例判決 …………156
他事考慮 ……………………………129
縦割行政 ……………………32、42、43
多摩川水害訴訟 ……………………217
たらいまわし ………………………60
ダンス ………………………………107
秩序罰 ………………………………168
地方交付税 …………………………75
地方自治法 …………………………72
地方分権 ……………………………67
地方分権改革推進法 ………………79
中央省庁等改革 ……………………32
中期目標管理法人 …………………45
聴聞 …………………………………119
直接強制 ……………………………166
通達 …………………………………181
通達行政 ……………………………181
デュー・プロセス …………………90
電力自由化 …………………………107
同意は害せず ………………………133
東京問題 ……………………………76
当事者訴訟 ………………25、194、202
透明性 …………………………91、132
特殊法人 ……………………………29
都区制度 ……………………………77
特別区 ………………………………77
特命担当大臣 ………………………39
独立行政委員会 ……………………46
独立行政法人 ………………………44
独立命令 ……………………………175
特許 …………………………………102
取消訴訟 ……………………………109
　　──中心主義 ……………………196

　　──の排他的管轄 …………110、196

【ナ】

内閣官房 ……………………………39
　　──・内閣府の強化 ……………41
内閣機能の強化 ………………38、41、42
内閣の重要政策 ………………38、42、43
内閣府 …………………………39、43
内閣法制局 …………………………54
２段階ロケット論 …………………61
日本銀行 ……………………………37
二面関係 ……………………………120
任意調査 ……………………………152

【ハ】

白紙委任 ……………………………177
罰則の機能不全 ……………………158
反則金 ………………………………169
犯則調査 ……………………………154
判断過程審査 ………………………128
判断代置 ……………………………128
被告 …………………………………200
附款 …………………………………104
不作為義務 …………………………163
不作為の違法確認訴訟 ……………201
不即不離 ……………………………57
不当 …………………………………189
不服申立前置 ………………………191
返戻 …………………………………135
法解釈 ………………………………215
法規 ……………………………84、174
法規命令 ……………………………173
法執行 ………………………………158
放置違反金 …………………………169
法治行政 ……………………………181
法治国家 …………………………136、210
法治主義 ……………………………82
放置物件 ……………………………164
法定受託事務 ………………………71
法の支配 ……………………………54
法務省 ………………………………50
法律上の争訟 ………………………159
法律による行政の原理 ……87、98、
　　　　　108、114、124、132、
　　　　　158、174、178、192
法律の法規創造力 …………………87
法律の優位 …………………………88
法律の留保 …………………………88

【マ】

マイナンバー法 …………………………95
マクリーン事件 …………………………127
窓口指導 …………………………………135
密室性 ……………………………………132
民営化 ……………………………………29
民間委託 …………………………29、169
民事訴訟 …………………………………194
民衆訴訟 …………………………………195
民主主義 …………………………………85
民による行政行為 ………………………101
無効等確認の訴え ………………………201
武蔵野マンション事件 …………………142
命令 ………………………………172、173

目的─手段 ………………………………148
目的外利用 ………………………………151
もんじゅ訴訟 ……………………………66
門前払い …………………………………57

【ヤ】

有形力の行使 ……………………………153
要件裁量 …………………………………116
予算 ………………………………………38

【ラ】

理由付記 …………………………………92
令状 ………………………………………154
労働基本権 ………………………………47
ロー・エンフォースメント ……………158

事項索引 221

判　例　索　引

【最高裁判所】
最判昭31・11・30民集10巻11号1502頁 …………………………………………211
最判昭33・5・1刑集12巻7号1272頁 ……………………………………………178
最大判昭38・3・27刑集17巻2号121頁 ……………………………………………78
最判昭39・10・29民集18巻8号1809頁 ………………………………………99、198
最大判昭41・7・20民集20巻6号1217頁 …………………………………………202
最判昭43・12・24民集22巻13号3147頁 …………………………………………183
最判昭45・8・20民集24巻9号1268頁 ……………………………………………214
最判昭46・10・28民集25巻7号1037頁 ……………………………………………130
最大判昭47・11・22刑集26巻9号554頁 …………………………………………154
最大判昭48・4・25刑集27巻4号547頁 ……………………………………………47
最大判昭49・11・6刑集28巻9号393頁 …………………………………………178
最判昭53・6・16刑集32巻4号605頁 ……………………………………………126
最大判昭53・10・4民集32巻7号1223頁 …………………………………………127
最判昭55・9・22刑集34巻5号272頁 ………………………………………………89
最大判昭56・12・16民集35巻10号1369頁 …………………………………56、214
最判昭59・1・26民集38巻2号53頁 ………………………………………………216
最判昭60・1・22民集39巻1号1頁 …………………………………………………92
最判昭60・7・16民集39巻5号989頁 ………………………………………………141
最判昭61・2・27民集40巻1号124頁 ………………………………………………212
最判平元・11・8判時1328号16頁 …………………………………………………142
最判平2・12・13民集44巻9号1186頁 ……………………………………………217
最大判平4・7・1民集46巻5号437頁 ………………………………………………91
最判平4・9・22民集46巻6号571頁 …………………………………………………66
最判平4・10・29民集46巻7号1174頁 ……………………………………………129
最判平7・7・7民集49巻7号2559頁 …………………………………………………59
最判平9・10・17民集51巻9号3925頁 ……………………………………………202
最判平14・7・9民集56巻6号1134頁 ………………………………………………159
最判平15・11・27民集57巻10号1665頁 ……………………………………………91
最判平16・4・27民集58巻4号1032頁 ……………………………………………122
最判平16・10・15民集58巻7号1802頁 ……………………………………………122
最大判平17・9・14民集59巻7号2087頁 …………………………………………203
最大判平17・12・7民集59巻10号2645頁 …………………………………………199
最判平18・11・2判時1953号3頁 ……………………………………………130、199
最判平24・12・7判時2174号32頁 …………………………………………………178
最判平25・1・11判時2177号35頁 …………………………………………………178
最判平26・10・9民集68巻8号799頁 ………………………………………………122

【高等裁判所】
東京高判昭48・7・13行集24巻6・7号533頁 ……………………………………129

著者紹介

櫻井敬子（さくらい　けいこ）
東京大学卒業、同大学院博士課程修了（法学博士）
現職　学習院大学教授
主著『行政法講座２』（第一法規・平成28年）
　　『行政救済法のエッセンス［第１次改訂版］』（学陽書房・平成27年）
　　『行政法講座』（第一法規・平成22年）
　　『財政の法学的研究』（有斐閣・平成13年）
　　『行政法［第５版］』（弘文堂・平成28年、共著）
　　『行政救済法［第２版］』（弘文堂・平成27年、共著）
　　『これで実践！地域安全力の創造』（第一法規・平成18年、共著）
　　『豪雨・洪水災害の減災に向けて』（技報堂出版・平成18年、共著）
　　『現代行政法［第２版］』（有斐閣・平成18年、共著）
　　『市民と公務員の行政六法概説』（行政管理研究センター・平成16年、共著）

行政法のエッセンス〈第１次改訂版〉

2016年 8 月10日　初 版 発 行
2025年 3 月17日　5 刷 発 行

　　著　者　　櫻井敬子
　　発行者　　佐久間重嘉
　　発行所　　学 陽 書 房

〒102-0072　東京都千代田区飯田橋 1-9-3
（営業）TEL 03-3261-1111　FAX 03-5211-3300
（編集）TEL 03-3261-1112
https://www.gakuyo.co.jp/

装幀／佐藤　博
DTP制作／加藤文明社
印刷・製本／大村紙業

Ⓒ Keiko Sakurai 2016, Printed in Japan
ISBN978-4-313-31258-6　C1032
乱丁・落丁本は、送料小社負担にてお取り替えいたします。

学陽書房のおすすめ本

行政救済法のエッセンス
〈第1次改訂版〉

櫻井敬子［著］
定価＝本体2,300円＋税
A5判／244頁

目次

序　章　行政救済法の世界
第1編　行政不服審査制度
　第1章　行政不服審査法はどのような法律か
　第2章　審査請求の要件・手続
　第3章　多様な行政不服審査
　第4章　行政相談・行政ADR・行政審判
　第5章　地方の行政不服審査
第2編　行政訴訟
　第6章　行政訴訟の概要
　第7章　行政訴訟の問題状況
　第8章　行政不服審査と行政訴訟の関係
　第9章　取消訴訟
　第10章　その他の抗告訴訟
　第11章　当事者訴訟・争点訴訟
第3編　国家賠償
　第12章　国家賠償と損失補償
　第13章　国家賠償法1条
　第14章　国家賠償法2条
　第15章　損失補償
事項索引　判例索引

**行政不服審査法の全面改正に対応！
難解な行政救済制度がスッキリよくわかる！**

行政救済法（行政不服審査法・行政事件訴訟法・国家賠償法）について、制度のツボを明確に解説！　事例を用いてイメージしやすくするなど、わかりやすさに主眼をおいた最新の行政救済法の解説書。基本と最新動向を網羅し、学習や実務理解に最適の書。